IDENTITY

アイデンティティ

尊厳の欲求と憤りの政治

THE DEMAND FOR DIGNITY AND
THE POLITICS OF RESENTMENT

フランシス・フクヤマ
山田文 訳

朝日新聞出版

IDENTITY
THE DEMAND FOR DIGNITY AND THE POLITICS OF RESENTMENT
by Francis Fukuyama

For Julia, David, and John

Contents

第14章 何をすべきか WHAT IS TO BE DONE?

※本文中にある人物名の訳注で、国が記されていない場合はアメリカ国籍をさします

ブックデザイン　小口翔平＋岩永香穂＋大城ひかり（tobufune）

序言

ドナルド・トランプが二〇一六年十一月に大統領に選出されていなければ、本書は生まれなかった。多くのアメリカ人と同じで、わたしもこの選挙結果に驚き、これがアメリカと世界に与える影響を考えて当惑した。トランプの当選は、六月にあったイギリスの欧州連合（ＥＵ）離脱国民投票に続いて、その年の選挙でふたつめの大きなサプライズだった。

わたしは過去二十年のほとんどを費やして、現代政治制度の発展について考えてきた。国家、法の支配、民主主義的な説明責任がどのように生まれたのか、それらがいかに進化して互いに作用し、最終的には衰退したのかを検討してきたのである。トランプが大統領に選出されるはるか前にわたしは、アメリカの政治制度は衰退への道をたどっていると論じた。国家が強力な利益団体に徐々に支配され、改革不可能な硬直した構造に閉じこめられつつあったからだ。

トランプはこの衰退の産物であると同時に、それを推し進める役割も果たした。大統領候補トランプに期待されていたのは、アウトサイダーとして大衆の支持を利用し、システムを揺るがして、それをふたたび機能させることだった。アメリカ国民は党派的な対立による閉塞《へいそく》状態にうんざりしており、わたしが「拒否権政治（vetocracy）」と名づけたもの――すなわち利益団体が集団的な政治行動を妨《さまた》げる力――に打ち勝ち、国をふたたびひとつにまとめる強力なリーダーを渇望していた。一九三二年にフランクリン・Ｄ・ローズヴェルトが大統領選に勝利し、その後二世代にわたってアメリカ政治が再編されたのも、この種のポピュリズム感情の高まりのためだったといえる。

トランプ、ふたつの問題点

トランプには、政策と性格のふたつの面で問題があった。トランプの経済的ナショナリズムは、彼を支持した有権者の状況を改善するどころか、むしろ悪化させる可能性が高い。また、民主的な同盟国よりも権威主義的な独裁者をあからさまに優先することで、国際秩序全体の安定を脅《おびや》かす。性格についていえば、トランプほどアメリカ合衆国大統領に不向きな人物は想像しにくい。優れたリーダーが持つと思われる徳――すなわちごく基本的な誠実さ、信頼性、的確な判断力、公益への献身、根源《こんげん》的な道徳的指針を完全に欠いている。トランプがこれまでのキャリアでもっぱら集中していたのは、自分自身を宣伝することであり、自分の邪魔になる人物やルールは、あらゆる手段を使って避けてきた。

トランプは、ポピュリスト・ナショナリズムと呼ばれるものへ向かう国際政治の大きな流れを代表する存在だ。(1) ポピュリストのリーダーたちは、民主的な選挙で得た正統性を使って権力を固めようとする。彼らはカリスマによって「国民」と直接結びついていると主張するが、この「国民」は狭く民族によって定義されることが多く、人口のかなりの部分を排除している。彼らは制度を嫌う。現代の自由民主主義国でリーダー個人の権力を制限する〝抑制と均衡（チェック・アンド・バランス）〟――つまり法廷、議会、独立系メディア、無党派の官僚などの機能を弱めようとするのだ。現在のリーダーのうち、ロシアのウラジーミル・プーチン、トルコのレジェップ・タイイップ・エルドアン、ハンガリーのオルバーン・ヴィクトル、ポーランドのヤロスワフ・カチンスキ、フィリピンのロドリゴ・ドゥテルテらも、この「ポピュリスト」のカテゴリーに入る。

一九七〇年代なかばから、民主主義へ向かううねりが世界的に見られたが、この動きはわたしの同僚ラリー・ダイアモンド〔訳注：政治学者。民主主義論〕の言う「地球規模の後退」に陥《おちい》った。(2) 一九七〇年には、選挙に基づいた民主主義国は三十五か国しかなかったが、その後の三十年で着実に数が増え、二〇〇〇年代はじめには一二〇か国近くにまで達した。最も勢いがついたのは、一九八九年から一九九一年にかけてである。東欧と旧ソヴィエト連邦で共産主義が崩壊し、その地域全体に民主化の波が押し寄せたからだ。しかし二〇〇〇年代なかばから、この傾向は逆転し、民主主義国は数を減らす。また、中国を筆頭とする権威主義国が自信を強めて、積極的に自己主張するようになった。

チュニジア、ウクライナ、ミャンマーなどの新しい自称「民主主義国」がうまく機能する制度をつくれずに苦戦したり、アメリカ介入後のアフガニスタンやイラクに自由民主主義が根づかなかったりしたのは不思議ではない。ロシアが権威主義の伝統に逆戻りしたのも、残念なことではあるが完全に意外とはいえない。それよりはるかに意外だったのが、すでに確立された民主主義国の内部から、民主主義が脅かされるようになったことだ。ハンガリーは、東欧のなかでもはやくに共産主義体制を捨て、北大西洋条約機構（ＮＡＴＯ）とＥＵに加盟してふたたびヨーロッパに加わったときには、自由民主主義が「定着した」国だと政治学者にみなされていた。しかし、オルバーンと彼を党首とするフィデス＝ハンガリー市民同盟は、オルバーンの言う「非自由主義的民主主義」へ向かいつつある。さらに大きな驚きを与えたのが、イギリスでのEU離脱賛成の国民投票と、アメリカでのトランプの大統領選出だった。イギリスとアメリカは二大民主主義国であり、いまの自由主義的な国際秩序を築いた国である。それに一九八〇年代には、ロナルド・レーガンとマーガレット・サッチャーのもと、「新自由主義（ネオリベラル）」革命を牽引《けんいん》した国でもあった。それにもかかわらず、この両国が自由主義から離れてより狭量《きょうりょう》なナショナリズムへと舵《かじ》を切りつつあるように思われるのだ。

『歴史の終わり』以後、投げかけられる問いへ

本書はこのような背景から生まれた。一九八九年なかばに論文「歴史の終わり？（The End of History?）」を発表し、一九九二年に著書『歴史の終わり』を刊行して以来、(3)頻繁《ひんぱん》に投げかけられるのが、〝出来事X〟がわたしの主張を覆《くつがえ》したのではないかという質問である。このXは、ペルーのクーデターであったり、バルカン半島での戦争であったり、九月十一日の同時多発テロであったり、国際金融危機であったり、もっと最近ではすでに触れたドナルド・トランプの大統領選出やポピュリスト・ナショナリズムの波であったりした。

こうした批判のほとんどは、単純な誤解に基づいたものだった。わたしは「歴史」という言葉をヘーゲル＝マルクス主義的な意味で用いていた——すなわち「発展」や「近代化」とも呼ばれ

る過程、人間の制度の長期的な進化の物語を指す言葉として使っていたのである。「終わり（end）」という言葉も、「終焉《しゅうえん》」という意味ではなく、「目標」や「目的」という意味で使っていた。カール・マルクスは共産主義のユートピアが歴史の終わり（目的地）になると示唆《しさ》したが、わたしが論じたのは、そのヘーゲル版、つまり発展が行きつく先は市場経済と結びついた自由主義国家だという考えがより妥当と思われるということだったのだ。(4)

とはいえ、この間にわたしの見解が変化しなかったわけではない。わたしが考えを改めた点は、書けるものはすべて『政治の起源』と『政治の衰退』に記した。(5) このふたつの著作は、現在の世界の政治をわたしなりに理解し、それに基づいて『歴史の終わり』を書き直す試みだったといえるかもしれない。わたしの考えに生じた変化のうち、最も重要なものふたつをあげるとするならば、ひとつめは近代の非人格的な国家を発展させるむずかしさ、すなわち「デンマーク化」の問題［訳注：発展途上国をいかにデンマークのような汚職の少ない民主主義国に発展させるのかという問題］とわたしが呼ぶものであり、ふたつめが現代の自由民主主義が衰退あるいは逆戻りする可能性である。

ただ、わたしを批判する人たちの論点には、ほかにもずれている点があった。彼らは、はじめの論文のタイトルにクエスチョンマークがあるのに気づいておらず、書籍『歴史の終わり』の終盤、ニーチェの「最後の人間」に焦点を当てた数章を読んでもいなかったからだ。

論文と本のどちらでも、わたしはナショナリズムも宗教も世界政治の勢力として姿を消すことはないと書いた。どちらもすぐに消えないのは、現代の自由民主主義諸国が「テューモス

(thymos)」の問題を完全には解決していないからだというのが、当時のわたしの主張だった。テューモスとは、尊厳の承認を渇望する心の働きである。「アイソサミア（isothymia＝対等願望）」はほかと平等な存在として尊敬されたいという要求（＝demand）を、また「メガロサミア（megalothymia＝優越願望）」はほかより優れた存在と認められたいという欲求（＝desire）を意味する。現代の自由民主主義諸国は、最低限の尊厳を平等に認めると約束し、おおむねその約束に従って行動しており、それは個人の権利、法の支配、参政権として具体化されている。しかし、民主主義国に暮らす人が実際に平等な尊敬を得られる保証はない。とりわけ、社会の周縁に追いやられてきた歴史を持つ集団の人々は、尊敬を得るのがむずかしい。国全体が尊敬されていないと感じて人々が攻撃的なナショナリズムへ向かうこともあれば、信仰を持つ人たちが自分たちの宗教が軽んじられていると感じることもある。したがって、アイソサミアは今後も平等な承認への要求を駆《か》り立てるだろう。この要求が完全に満たされるときが来るとは考えにくい。

もうひとつの大きな問題がメガロサミアである。自由民主主義諸国は、かなり首尾《しゅび》よく平和と繁栄をもたらしてきた（最近は以前ほどではなくなってきたが）。これらの豊かで安全な社会に暮らすのは、ニーチェの言う「最後の人間」、「胸郭《きょうかく》のない人間」であり、こういった人間はものを消費することで得られる満足感を飽《あ》くことなく追い続けるが、自分の核に何かがあるわけではなく、自分が目指したり、そのために自分を犠牲にしたりする高い次元の目標や理想を持たない。そしてこのような生き方は、すべての人間を満足させはしない。メガロサミアはほかから抜きん出ることを目指す。大きなリスクを冒《おか》し、とてつもない闘いに加わって、目覚ましい成果をあげることを求める。そうすることで、ほかの人よりも自分のほうが優れていると周囲から認められるからだ。これは、リンカーン、チャーチル、ネルソン・マンデラのようなヒーローを生むこともあるが、カエサル、ヒトラー、毛沢東《もうたくとう》のように、国を独裁と不幸へ導く圧制者を生むこともある。

メガロサミアは歴史上のあらゆる社会に存在してきたので、この問題を克服することはできない。できるのは、ただそれを別の方向へ逸《そ》らしたり和らげたりすることだけだ。『歴史の終わり』の最終章でわたしが提示した問いは、市場経済と結びついた現在の自由民主主義システムはメガロサミアのはけ口をはたして十分に提供できるのかというものだった。アメリカ建国の父たちも、この問題をよく認識していた。北米に共和制の政府をつくろうとしたとき、彼らは共和制ローマの崩壊のことを知っており、カエサル主義の問題を懸念していた。そこでとった解決策が、権力を分散させるチェック・アンド・バランスの立憲政体をつくり、ひとりのリーダーに権力が集中するのを防ぐという手だったのである。一九九二年の時点でわたしは、市場経済もまたメガロサミアのはけ口になると論じた。起業家は途方もない金持ちになるのと同時に、社会全体の繁栄にも貢献できる。あるいは鉄人レースに出たり、ヒマラヤ登頂回数の記録を塗り替えたり、世界一価値の高いインターネット企業をつくったりもできるのだ。

実は『歴史の終わり』でわたしは、すさまじく野心的な人間が承認欲求を無難にビジネスでの（またのちにエンターテインメントでの）キャリアに向けた例として、ドナルド・トランプに触れていた。当時は、トランプがビジネスでの成功と名声に飽き足らず、二十五年後に政界に進出して大統領に選ばれるなどとは思ってもいなかった。しかしこの出来事は、わたしが本全体で論じたこと矛盾するわけではない。わたしが主張したのは、テューモスが自由民主主義を将来的に脅かす可能性があるということと、自由主義社会ではテューモスの問題が中心的な位置を占めるということだった。(6) トランプのような人物は過去にもいた。それはカエサル、ヒトラー、ペロンなどで、彼らは戦争と経済的衰退という悲惨な状況を招いた。自分たちに勢いをつけるために、国や宗教や生き方が尊重されていないと感じていた一般人の憤《いきどお》りを利用した結果である。このようにメガロサミアとアイソサミアが結びついたわけだ。

本書は一九九二年のテーマに立ち戻る

本書でわたしは、一九九二年に考え始めてこれまで書き続けてきたテーマに立ち戻る。つまり、テューモス、承認、尊厳、アイデンティティ、移民、ナショナリズム、宗教、文化といったテーマである。二〇〇五年に移民とアイデンティティについて話したリプセット記念講演と、二〇一一年に移民とヨーロッパのアイデンティティについて語ったジュネーヴのラトシス財団での講演も盛り込んだ。(7) 以前に書いたものをほぼそのまま使っているところもある。読んだことがあると思われたら申し訳ないが、この問題をずっとフォローし、首尾一貫した議論として現在の状況と結びつけて理解している人はあまりいないと思う。

アイデンティティ承認の要求は、いま世界の政治で起こっていることの大部分を結びつける鍵である。大学キャンパスでの「アイデンティティの政治」や白人のナショナリズムにとどまらず、昔ながらのナショナリズムや政治化したイスラム主義の高まりといった、より広い現象にまでその影響は及んでいる。経済的な動機と考えられているものの多くも、のちに論じるように実は承認の要求に根ざしており、それゆえ単純に経済的な手段で満たすことはできない。この点は、現在のポピュリズムにいかに対応するかという問題に直接関係してくる。

ヘーゲルによると、人間の歴史は承認をめぐる闘争によって動かされてきた。ヘーゲルが論じたのは、承認欲求に対する唯一の合理的な解決策は、すべての人の尊厳を認める普遍的な承認だということである。普遍的な承認はこれまで、国、宗教、セクト、人種、民族、ジェンダーに基づいた不完全な承認や、ほかより優れた存在として認められたい個人によって実現を阻《はば》まれてきた。いま民主主義諸国では「アイデンティティの政治」が盛り上がりを見せており、普遍的な承認がおおいに脅かされている。すべての人間があまねく尊厳を持つと理解する道をふたたび模索しなければ、人間同士の争いが終わることはないだろう。

本書の草稿にコメントをくれた多くの友人や同僚に感謝したい――シェリ・バーマン、ゲルハルト・キャスパー、パトリック・シャモレル、マーク・コードヴァー、キャサリン・クレイマー、ラリー・ダイアモンド、ボブ・フォークナー、ジム・フィアロン、デイヴィッド・フクヤマ、サム・ギル、アンナ・グジマワ＝ブッセ、マーガレット・レヴィ、マーク・リラ、ケイト・マクナマラ、ヤシャ・モンク、マーク・プラットナー、リー・ロス、スーザン・シェル、スティーヴ・ステッドマン、キャサリン・ストーナー。

特別にお礼を言いたいのが、ファーラー・シュトラウス&ジロー社の担当編集者で、これまでに数冊の本を倦《う》むことなく一緒につくってくれたエリック・チンスキーだ。彼の論理と言語感覚、現実問題についての幅広い知識は、本書にもとてつもなく大きな恩恵をもたらしてくれた。また、本書および既刊書の刊行を支えてくれたプロファイル・ブックス社のアンドリュー・フランクリンにも感謝している。

いつもと同様に、わたしの作家エージェント、インターナショナル・クリエイティヴ・マネジメント社のエスター・ニューバーグとカーティス・ブラウン社のソフィー・ベイカー、ならびにふたりを支えたすべての人たちにも感謝したい。わたしの著書がアメリカと世界のあらゆる場所で刊行されるよう、驚くべき仕事をしてくれている。

また、わたしの研究助手アナ・アージャイルス、エリック・ギリアム、ラッセル・クラリダ、ニコル・サザードにもお礼を言いたい。本書の土台となる素材を集めるのに、きわめて重要な役割を果たしてくれた。

いつもながら家族、とりわけ妻ローラの支えにも感謝している。ローラはわたしの著書すべてを丹念に読み込んで批評してくれている。

カリフォルニア州パロアルトとカーメル・バイ・ザ・シーにて。

第 1 章

尊厳の政治

THE POLITICS
OF DIGNITY

「民主化の第三の波」

二〇一〇年代なかば、世界の政治は劇的に変わった。

一九七〇年代はじめから二〇〇〇年代中盤にかけて、サミュエル・ハンチントン［訳注：国際政治学者、民主党の右派を支持。一九二七〜二〇〇八］が「民主化の第三の波」と呼んだ動きが見られ、選挙に基づいた民主主義国は三十五か国から一一〇か国を上回るまでに増加した。この時期に、世界のほとんどの国で自由民主主義が政治の標準形態になった。実際には自由民主主義国といえる体制になっていなくても、少なくともそれが目標にされていた。(1)

こうした政治制度の変化と並行して見られたのが、国家間の経済的相互依存の高まり、いわゆるグローバリゼーションである。これは、関税及び貿易に関する一般協定（GATT）やその考えを継承して誕生した世界貿易機関（WTO）など、自由主義的な経済機関によって支えられた。さらに欧州連合（EU）や北米自由貿易協定（NAFTA）などの地域貿易協定がこれを補完した。この時期を通じて、つまり一九七〇年代から二〇〇〇年代中盤にかけて、国際貿易と国際投資の成長率は世界のGDP成長率を上回り、この貿易と投資の成長が世界に繁栄をもたらす主要な牽《けん》引力《いんりょく》とみなされていた。一九七〇年から二〇〇八年までのあいだに財とサービスの生産高は四倍になり、この傾向は世界のほぼ全域で見られた。また発展途上国で極度の貧困状態にある人の割合は、一九九三年には途上国全人口の42パーセントに及んでいたが、二〇一一年には17パーセントへと減少している。五歳未満の子どもの死亡率も、一九六〇年の22パーセントから二〇一六年の5パーセント未満に大きく低下した。(2)

とはいえ、自由主義的な世界秩序はすべての人に恩恵をもたらしたわけではない。世界の多くの国、とりわけ先進民主主義国で格差が劇的に拡大した。経済成長の恩恵を享受《きょうじゅ》してきたのはもっぱら、学歴によって主に決まるエリートである。(3) またこの経済成長は、金銭や人間の移動とも結びついていたため、きわめて大きな社会変化も生じさせた。発展途上国では、電気すら使えない場所に住んでいた村人が突如《とつじょ》として大都市に住み、テレビを観《み》たり携帯電話であらゆる場所からインターネットにアクセスしたりするようになった。新しい状況に合わせて労働市場が変化したことで、何千万もの人が自分自身と家族のためによりよいチャンスを求めたり、自国の耐えがたい状態から逃げ出したりして国境を越えた。中国やインドなどではおびただしい数の中間層が台頭し、先進国でかつての中間層が担っていた仕事に就《つ》いた。たとえば製造業はヨーロッパとアメリカから、東アジアなどの人件費が安い地域に次々と移動した。それと同時に、経済においてサービス業が占める位置がますます大きくなり、女性が男性に取って代わって、未熟練労働者は高性能の機械に仕事を奪われた。

二〇〇〇年代なかば以降になると、自由主義的で開かれた世界秩序に向かう勢いは失速し、やがて後退しだす。この変化はふたつの金融危機と時を同じくして起こった。ひとつめは二〇〇八年にアメリカのサブプライム市場で始まった危機であり、これがその後の大不況につながった。ふたつめはユーロとEUの危機をめぐるもので、これはギリシャの債務超過によって引き起こされた。いずれの場合も、エリートによる政策が大幅な景気後退と高い失業率を招き、世界中で多くの一般労働者の収入が低下した。そして、アメリカとEUが主な舞台になったために、これらの危機は自由民主主義全体の評判を損《そこ》ねることにもなった。

民主主義論の研究者、ラリー・ダイアモンドは、金融危機後を「民主主義の後退期」と呼ぶ。この時期、世界のほぼすべての地域で、民主主義国の総数がピーク時より少なくなったからだ。(4) それにともなって、中国とロシアをはじめとする数多くの権威主義国家が勢いを増し、積極的に自己主張するようになった。中国ははっきりと非民主的な方法で発展と豊かさを追求する「中国模式」を推進し、ロシアはEUとアメリカの自由主義の堕落《だらく》を攻撃した。ハンガリー、トルコ、タイ、ポーランドなど、一九九〇年代には自由民主主義国としてうまく機能していると思われていた国々も、権威主義的な政府へと退行していく。二〇一一年の「アラブの春」が中東全域で独裁政権を揺るがしたものの、リビア、イエメン、イラク、シリアは内戦状態に陥《おちい》り、民主主義拡大への希望も潰《つい》えてしまった。同時にテロが急増し、アメリカで、九・一一同時多発テロが勃発《ぼっぱつ》。アメリカがアフガニスタンとイラクへ侵攻してもテロ攻撃を収束させることはできなかった。その後、テロリストたちは「ISIS(後のIS=イスラム国)」に姿を変え、世界中のきわめて反自由主義的で暴力的なイスラム主義者たちに指針を与える存在となった。ISISは予想以上の強敵だったが、それと同じぐらい驚くべきだったのが、きわめて多くのイスラム教徒の若者がISISのために戦おうと、中東のほかの場所やヨーロッパでの比較的安全な暮らしを捨ててシリアへ向かったことだ。

二〇一六年のふたつの投票結果

さらに意外で、おそらくいっそう重大だったのが、二〇一六年のふたつの投票結果だろう。イギリスのＥＵ離脱国民投票と、ドナルド・トランプのアメリカ大統領選出である。どちらの選挙でも有権者は経済問題に関心を寄せており、とりわけ産業の空洞化と失業のあおりを受けた労働者階級の経済問題に焦点が当てられた。だが、経済問題だけが重要視されたわけではない。大量に流入し続ける移民への反発も大きく、移民のせいでその国で生まれた労働者の仕事が奪われ、長い伝統を持つ文化的アイデンティティが蝕《むしば》まれるという考えが強くなった。ほかの多くの先進国でも反移民や反ＥＵを掲げる政党が力を増した。よく知られているのは、フランスの「国民戦線」〔訳注：現在の国民連合〕、オランダの「自由党」、「ドイツのための選択肢」、「オーストリア自由党」などだ。また、ヨーロッパ大陸全体でイスラム主義者によるテロへの不安が広がり、ブルカ〔訳注：女性用のヴェール〕、ニカーブ〔訳注：目だけを見せて顔を覆う布〕、ブルキニ〔訳注：全身を覆う女性用水着〕などイスラム教徒のアイデンティティを示すものの着用禁止をめぐって議論が交わされた。

二十世紀には、経済問題に沿って左から右までさまざまな立場が存在し、それを軸に政治が展開していた。左派は平等を求め、右派は自由を要求する。進歩派の政治は、労働者、労働組合、手厚い社会的保護と経済の再配分を目指す社会民主主義政党を中心に展開された。それとは対照的に右派は、政府の規模を小さくして民間セクターを活性化させることに主な関心を向けていた。ところが、二〇一〇年代になると、多くの地域で、政治の軸はアイデンティティをめぐるものに変わる。左派は広く経済的平等に焦点を当てることが少なくなり、その代わり、黒人、移民、女性、ヒスパニック、LGBTコミュニティ、難民など、これまでないがしろにされてきたさまざまな集団の利害関心を擁護《ようご》するのに力を注ぐようになった。一方で右派は、伝統的なナショナル・アイデンティティ(国民意識)を守る愛国者としてみずからを再定義している。ナショナル・アイデンティティは、人種、民族、宗教と明確に結びついていることが多い。

少なくともカール・マルクス〔訳注:ドイツの哲学者・政治経済学者、一八一八~八三〕にまでさかのぼる考えでは、政治闘争とは経済的な闘いを反映したものであり、つまるところ各自の取り分をめぐる闘いであるとみなされていた。実際このことは、二〇一〇年代の状況にも一部当てはまる。世界全体では経済成長が見られるにもかかわらず、グローバリゼーションのせいでかなりの人が成長から取り残されている。二〇〇〇年から二〇一六年のあいだに、アメリカ人の半数は実質所得が増えていない。GDPのうち上位1パーセントの人の手に渡る割合は、一九七四年には9パーセントだったのが、二〇〇八年には24パーセントに達した。(5)

しかし人間は物質的な利己主義だけでなく、ほかの動機によっても動かされており、この動機に目を向けることで現在のさまざまな出来事をさらによく説明できる。現在の出来事に見られるのは、憤《いきどお》りの政治と呼んでもいいかもしれない。さまざまな場面で政治指導者たちは、集団の尊厳が傷つけられたり、ないがしろにされたり、無視されたりしているというイメージを使って支持者を集めてきた。この憤りが、自分たちの集団の尊厳がしかるべく認められるべきとの要求につながっていく。屈辱《くつじょく》を受けて尊厳の回復を求める集団は、ただ経済的利益だけを追求する人たちよりもはるかに強い感情を抱いている。

たとえば、ロシア大統領のウラジーミル・プーチンは、旧ソヴィエト連邦崩壊の悲劇について語り、一九九〇年代にヨーロッパとアメリカがロシアの弱みにつけこんでNATOをロシア国境に接近させたことを批判する。また、自分たちは道徳的に優れているという西側政治家の態度を軽蔑《けいべつ》し、オバマ大統領がかつて言ったような地域レベルの非力なプレイヤーとしてではなく、大国としてロシアが扱われることを望む。ハンガリー首相のオルバーン・ヴィクトルは、二〇一〇年に彼が首相に返り咲いたのは「われわれハンガリー人も自分たちの国を取り戻したい、自尊心を取り戻したい、自分たちの未来を取り戻したいと決意した」ことを示す出来事だったのだ、と二〇一七年に述べている。(6) また、習近平《しゅうきんぺい》政権は中国の「屈辱の一〇〇年」について延々と語り、過去数千年間ずっと保っていた大国としての地位を回復するのをアメリカや日本が妨害してきたと論じている。アルカイダ創始者のオサマ・ビンラディンは十四歳のとき、パレスチナの状況に目を奪われて「サウジアラビアの自宅でテレビを観ながら涙を流していた」のを母親に目撃されている。(7) イスラム教徒の屈辱に対する彼の怒りはのちに同じ信仰を持つ若者にも共鳴し、若者たちは、世界中で攻撃され抑圧されていると自分たちが考えるイスラム教のために志願してシリアで戦った。かつてのイスラム文明とイスラム国家の栄光を蘇《よみがえ》らせたいというのが彼らの願いだった。

屈辱に対する憤りは、民主主義諸国でも強い力となった。たとえば、ミズーリ州ファーガソン、ボルティモア、ニューヨークなどの街で、警察官によるアフリカ系アメリカ人射殺事件が次々と起こって広く報じられ、そこから「ブラック・ライヴズ・マター」の運動が生まれた。野放しにされている警察による暴力の犠牲者に世界の関心を向けさせようとした運動である。アメリカ全国の大学キャンパスやオフィスでは性的暴力やセクシュアル・ハラスメントが取りあげられ、これは男性が女性を対等に扱おうとしていない証拠だとみなされた。さらに、これまでは差別の対象としてはさほど目立つ存在でなかったトランスジェンダーの人たちが、急に注目を集めるようになった。また、ドナルド・トランプに投票した人の多くが、社会のなかに自分たちの居場所がしっかりと存在した古きよき時代を偲《しの》び、自分たちが行動することで「アメリカをふたたび偉大に」したいと望んでいた。時間も場所も異なるが、西側エリートの傲慢《ごうまん》さに対するプーチン支持者たちの感情も、アメリカ海岸部に住むエリートや彼らの御用メディアに対するアメリカの地方有権者の感情に似ているといえるだろう。どちらも自分たちと、自分たちの問題がないがしろにされていると感じているのである。

このように、憤りの政治の担い手たちには、互いに通じるものがあるのだ。したがって、ウラジーミル・プーチンとドナルド・トランプが互いに寄せる共感は、個人的なものではなく、共通のナショナリズムに根ざしている。オルバーン・ヴィクトルはこう説明する。「いま西側世界で起こっている変化やトランプ大統領の登場といった現象を、国際政治の世界における国境を越えた〝グローバル〟エリートと愛国的リーダーとのあいだの闘争の現れとして描く説もあります」。

そして、その愛国的なリーダーのさきがけがオルバーン自身だと言う。(8)

人間は自ずと承認を求める

これらのどの場合でも、つまりロシアや中国のような巨大な国家であろうが、アメリカやイギリスの有権者たちであろうが、彼らは自分たちの集団のアイデンティティが十分に承認されていないと感じている。国の場合は外の世界から、それ以外は同じ社会のほかのメンバーから。それらのアイデンティティは、国家、宗教、民族、性的指向、ジェンダーに基づいており、信じられないほど多様でありえて、現に多様である。これら世界各地での動きはみな、共通の現象である「アイデンティティの政治」の現れにほかならない。

「アイデンティティ」や「アイデンティティの政治」という言葉が登場したのは比較的最近のことだ。「アイデンティティ」は心理学者のエリック・エリクソン〔訳注：一九〇二〜九四〕が一九五〇年代に広め、「アイデンティティの政治」は一九八〇年代と九〇年代の文化をめぐる政治のなかで初めて姿を現した。今日、アイデンティティには幅広い意味があり、単純に社会的なカテゴリーや役割を指す場合もあれば、(「わたしのアイデンティティが奪われた」というときのように) 自分自身についての基本的な情報を指す場合もある。これらの意味でのアイデンティティは、いつの時代にも存在していた。(9)

本書では、現代の政治でアイデンティティが重要な役割を果たしている理由を理解しやすくするために、「アイデンティティ」を特定の意味で用いる。まずアイデンティティは、自分のなかの真の自己と、その内なる自己の価値や尊厳を十分に認めようとしない社会的ルールや規範から成り立つ外の世界とのギャップから生まれる。人類史上ずっと、個人は自分が暮らす社会とのあいだに葛藤《かっとう》を抱えてきた。ただし、内面にあるほんものの自己にこそ本質的価値があり、外の社会はそれをいつも不当に評価しているという考えが根づいたのは近代になってからである。内なる自己が社会のルールに合わせなければならないのではなく、社会のほうが変わる必要があると考えられるようになったのだ。

内なる自己は、人間としての尊厳の基礎である。しかし、尊厳の性質は時とともに変わってきた。かつての文明の多くでは、戦いで命を危険にさらす戦士など、わずかな人にだけ尊厳が与えられていた。他方で、自分の意志で主体的に行動する力を持つ人間はみんな本質的に価値があると考え、その考えに基づいてすべての人間に尊厳を与える社会もある。さらには、記憶と経験を共有する大きな集団の一員であることによって尊厳が得られる社会も存在する。

最後に、自尊心は承認を求める。いくら自分の価値を自分で感じていても、他者が公《おおやけ》にその価値を認めなかったり、ときには侮辱《ぶじょく》してきたり、こちらの存在を無視したりすれば、承認への欲求は満たされない。自尊心は、他者から尊敬されることで生まれるものだからである。人間は自《おの》ずと承認を求めるので、現代の意味でのアイデンティティはたちまち「アイデンティティの政治」に発展する。そこでは個人が自分の価値を公に承認されることを要求する。したがって「アイデンティティの政治」は、民主革命から新しい社会運動まで、ナショナリズムやイスラム主義から現在のアメリカの大学キャンパスでの学生運動まで、現代世界の政治闘争の大部分を包含《ほうがん》している。実際、哲学者ヘーゲル［訳注：ドイツ、一七七〇〜一八三一］は「承認をめぐる闘争」こそが人類史の究極の推進力であり、近代世界の出現を理解する鍵だと論じた。

ここ五十年あまりのグローバリゼーションから生じた経済格差が、現代政治を説明する主な要素ではあるが、経済的な苦しみは屈辱や軽蔑の感情と結びつくことではるかに強くなる。それどころか、経済的な動機と理解されているものの多くは、実際には富や資産への単純な欲求を反映しているわけではない。金銭が地位を築き尊敬を購《あがな》うと考えられているのである。現在の経済理論は、人間はだれでも合理的であり、だれもが自分の「効用」――物質的な幸福――を最大化しようとするという前提の上に成り立っており、政治も単にその効用最大化を目指す行動の延長線上にあると考えられている。しかし、現代世界に生きる人間の真の行動を正しく理解しようと思ったら、単純に経済的な動機で人間を理解しようとする現在支配的なモデルを超えて、人間の行動の動機について理解を広げなければいけない。だれもが合理的に行動する力を持ち、だれもが利己的でより多くの富と資産を求めることに異を唱える人はいない。しかし人間の心理は、単純な経済モデルが示唆《しさ》するよりもはるかに複雑である。現在の「アイデンティティの政治」を理解するには、まずは一歩引いて人間の動機と行動についてより深く理解する必要がある。言いかえるなら、人間の心についてのより優れた理論を必要とするのである。

第 2 章

魂の第三の場所

THE THIRD PART OF THE SOUL

人間行動の「好み」と経済学理論の限界

政治理論は通常、人間行動の理論の上に築かれる。理論はわれわれの周辺世界についての経験的な情報を集積し、それに基づいて人間の行動に規則性を見いだして、行動と周辺環境とのあいだに因果関係を見つけようとする。人類がうまく進化できたのは、この理論化の力によるところが大きい。現実主義的な人たちは理論や理論化を軽蔑《けいべつ》しがちだが、彼らも言葉にされない理論にのっとってつねに行動しており、ただそれに気づいていないだけだ。

近代経済学もこうした理論のひとつに基づいている。すなわち、人間は「合理的で効用の最大化を目指す」存在であり、自分の利益に資するよう行動する恐るべき認知能力を持つ個人だという理論である。この理論には、さらにいくつかの想定が埋め込まれている。ひとつめの想定は、単位が個人であり、家族、部族、国民、その他の社会集団ではないということだ。人が互いに協力するのは、ひとりで行動するよりもほかと協力したほうが個人の利益になると計算するからだと考えられている。

ふたつめは「効用」の性質、すなわちある人の「効用関数」と経済学者が呼ぶものを構成する個人の好みについての想定である。どんな車が好きか、何に性的な満足を覚えるか、どのように休暇を過ごすかといったことだ。経済学者の多くは、人が究極的にどんな好み（「選好」）を持つか、つまりどの効用を選ぶかについて、経済学は何も語れないと言うだろう。それはその人次第だというのである。経済学が語るのは、選んだ好みを合理的に追求する方法だけだ。したがって、さらに十億ドル稼ごうとするヘッジファンドのマネジャーと、仲間たちを救うために自分を犠牲にする兵士は、どちらも自分の選好を最大化しようとしている点では同じということになる。残念ながら二十一世紀政治の一部になった自爆テロ犯も、おそらくただ天国で出会える天女《てんにょ》の数を最大化しようとしているだけなのだ［訳注：クルアーン（コーラン）では、イスラム教の信仰を貫《つらぬ》いたものは天国に召され、そこでは天女たちにもてなされるとされている］。

こうした理解には問題がある。収入や富の追求など、物質的な自己利益に類するものに選好が限定されていなければ、経済学理論は予測にほとんど役立たないのである。効用の概念を広げ過ぎて、極端な利己的行動から極端な利他的行動までを含めてしまうと、人々が追い求めるのはその人たちが追い求めるものである、という同語反復以上のことは言えなくなる。真に必要とされるのは、なぜある人は金銭や安全を求め、ほかの人は大義のために死んだり、他人を助けるために時間やお金を割《さ》いたりするのか、それを説明する理論である。マザー・テレサとウォールストリートのヘッジファンド・マネジャーはどちらも自分の効用を最大化しようとしている、と言ってしまうと、それぞれの動機の重要な点を見逃してしまう。

実際、ほとんどの経済学者は、効用がなんらかの物質的な自己利益に基づいていると想定し、それがほかの動機にまさると考えている。これは現在の自由市場経済学者と古典的なマルクス主義者のいずれにも共通する見解である。マルクス主義者も、歴史をつくるのは自分たちの経済的利益を追求する社会階級だと考えるからだ。現在、経済学は社会科学で支配的かつ特権的な位置を占めるようになった。ほとんどの場合、実際に人々は経済学者が想定する狭い動機のとおりに行動するからである。たしかに物質的な動機づけは重要だ。共産主義下の中国では、集団農場の農業生産性は低かった。農民は自分たちが生産した余剰分を手元に残すことが許されなかったため、一生懸命働かずに怠けたのである。だから旧共産圏では、「向こうは給料を払うふりをして、こちらは働くふりをする」とよく言われた。一九七〇年代終わりに仕組みが変わり、農民が余剰分を手元に残すことが許されるようになると、農業生産高は四年足らずで倍増する。また、二〇〇八年金融危機の原因のひとつとしてあげられるのが、投資銀行家が短期的な利益をあげることで報酬を得ており、高リスクの投資をして数年後に大失敗に終わっても罰せられることがなかったことだ。この問題を解決するのにも、やはり動機づけの仕組みを変えることが求められる。

標準的な経済モデルによって、たしかに人間の行動の多くを説明できる。しかしこのモデルには欠点もたくさんある。過去二十年ほどのあいだに、ダニエル・カーネマンやエイモス・トベルスキー〔訳注：一九三七〜九六〕ら行動経済学者や心理学者が、実際には人間は合理的でないと示し、このモデルの根底にある想定に異を唱えるようになった。たとえば人間は、最適な戦略よりもいつもどおりの行動を選ぶ。また自分でものを考える労力を惜しんで、周囲の人たちの行動をまねる。[1]

行動経済学は既存の合理的選択パラダイムの弱点を明らかにしたが、それに代わる人間行動の明確なモデルを提示したわけではない。とくに人々が持つ選好の性質については、ほとんど何も語っていない。経済学理論は、自分を犠牲にする兵士や自爆テロ犯、そのほか物質的な自己利益以外の何かの動機が働いていると思われる事例を十分に説明できないのである。つらいこと、危険なこと、犠牲の生じることを、食べ物や貯金と同じように「欲する」とは言いにくいからだ。したがって、現在支配的な経済学の説明とは異なる、人間行動についてのほかの説明に目を向ける必要がある。こうしたより広い理解は、これまでもずっと存在していた。問題は、われわれはかつて知っていたことも忘れてしまいがちだということだ。

人間行動の理論は人間本性の理論の上に築かれる。人間本性の理論とは、すべての人間が持つ生物学的な特徴から生じる規則性のことであり、人が暮らすさまざまなコミュニティの規範や慣習に根ざした規則性とは異なる。先天的なものと後天的なものとの境界線については今日、おおいに議論が交わされているが、このふたつの極があることを否定する人はいないだろう。たださいわい、人間の動機を理解する理論を展開するにあたって、両者のあいだに厳密に境界線を引く必要はない。

近世の思想家たちが説いた人間本性

トマス・ホッブズ〔訳注：イギリスの哲学者、一五八八～一六七九〕、ジョン・ロック〔訳注：イギリスの哲学者、一六三二～一七〇四〕、ジャン＝ジャック・ルソー〔訳注：スイス・ジュネーヴ出身、フランスの哲学者、一七一二～七八〕ら近世の思想家たちは、「自然状態」——すなわち人間社会が現れる前の原始時代について、多くの紙幅《しふく》を割いて理論化した。ただ、自然状態は人間本性のメタファーに過ぎない。つまり、特定の社会や文化から離れたところに存在する人間の最も基本的な性質を示しているのである。西洋哲学の伝統では、人間本性についてのこうした議論は、少なくともプラトン〔訳注：古代ギリシャの哲学者、紀元前四二七〜同三四七〕の『国家』にまでさかのぼる長い歴史を持つ。

『国家』は対話形式で書かれており、哲学者ソクラテス〔訳注：古代ギリシャ、紀元前四六九〜同三九九〕とふたりの若いアテナイ人貴族、アディマントスと弟グラウコンとのあいだで、正義にかなった都市のあり方について議論が交わされる。正義は強者の自己利益にほかならないとするトラシュマコスの考えなど、既存の正義論をいくつか論破したあと、ソクラテスは正義にかなった都市を〝スピーチ上で〟考え出すが、その際に土台となるのが魂《たましい》の性質の探求である。「魂」という語（ギリシャ語のpsyche＝プシュケー）はいまではあまり使われないが、語源を見ればわかるように、心理学（psychology）も本質的にそれと同じ問題を扱っている。

魂の性質について重要な議論が展開されるのは、『国家』第四巻である。そこでソクラテスは、魂のなかの欲望の部分が食べ物や水などを求めるという。しかし喉《のど》が渇いた人でも、水が汚染されていて飲んだら体調を崩すとわかっていたら、口にするのを思いとどまる。だからソクラテスはこう問いかける。「その人たちの魂のなかには、飲むことを命じるものがあるとともに、他方では、それを禁止するもうひとつ別のものがあって、飲むことを命じるものを制圧していると言うべきではないだろうか？」(2)。アディマントスとソクラテスはいずれも、魂のこの第二の部分は理知的な部分であり、非合理的な欲望の部分と対立して働くことがあると認める。

ここでソクラテスとアディマントスが語っているのは、近代経済のモデルだともいえる。欲望の部分が個人の選好に対応し、理知的な部分が合理的な利益最大化と対応するわけだ。またこの区別は、欲求にかかわる「イド」と、社会的圧力の結果この欲求を抑える「エゴ」（自我）というジークムント・フロイト〔訳注：オーストリアの精神科医、一八五六～一九三九〕の考えともおおむね一致する（フロイトはかつてほど真剣に受け止められることはなくなったが）。しかしソクラテスは、アテナイ人レオンティオスの話を持ち出して、さらに別のタイプの行動について論じる。レオンティオスは処刑吏《り》が残した屍体《したい》の山の横を通り、屍体を見たいと思いながらも見ないで通り過ぎようとした。自分のなかで葛藤《かっとう》したあと、結局レオンティオスは屍体に目を向けてしまい、こう言う。「さあお前たち、呪われたやつらめ、この美しい観物を堪能するまで味わうがよい！」(3)。レオンティオスは屍体を見たいという欲求を覚えながらも、それが卑《いや》しいことだとわかっていた。それゆえ、この欲求に屈したことで怒りと自己嫌悪が生じたのである。ソクラテスはこう問う。

そしてそれはまた、ほかの多くの場合にもわれわれの気づくところではないかね（中略）欲望が理知に反して人を強制するとき、その人は自分自身を罵《ののし》り、自分の内にあって強制しているものに対して憤慨し、そして、あたかも二つの党派が抗争している場合におけるように、そのような人の〈気概《きがい》〉は、〈理性〉の味方となって戦うのではないかね？(4)

これをもっと現代的な例に置きかえることもできるだろう。ドラッグやアルコールの中毒者が、よくないと思いながらも次の一本、一杯に手を出してしまい、自分の弱さに自己嫌悪に陥《おちい》るといった例である。ソクラテスは「気概（spirit）」という新しい言葉を使って、魂のなかでこの自分自身に対する怒りが占める場所を呼ぶ。「気概（spirit）」はギリシャ語「テューモス（thymos）」の不完全な訳語である。

そしてソクラテスはアディマントスに尋ねる。屍体を見ないでおきたいという魂の部分もまた、欲望の一部分に過ぎないのだろうか、あるいは理知的な部分の一側面なのか。というのも、どちらも同じように「屍体を見ないでおきたい」という方向へと人を向かわせるからだ。前者の見解は現在の経済学の考え方であり、ある欲求が制限されるのは、ほかのさらに重要な欲求がそれを凌駕《りょうが》するときだけだと考える。それに対してソクラテスは、魂には第三の部分があるのではないかと説く。

「〈気概の部分〉についてのわれわれの見方が、ついさっきとは反対になっているということだよ。つまりさっきは、われわれはそれを欲望的な性格をもった何かであると考えたわけだが、いまはそれどころか、魂の中で起る紛争にあたって、むしろはるかに〈理知的部分〉に味方して武器を取るものだと主張しているのだからね」

「まったくそのとおりです」と彼［アディマントス］は答えた。

「そうするとそれは、その〈理知的部分〉とも別のものなのだろうか、それとも〈理知的部分〉の一種族であり、したがって魂のなかには三つではなく二つの種族のもの——すなわち

〈理知的部分〉と〈欲望的な部分〉と――があるだけだ、ということになるのだろうか？　それとも、ちょうど国家において、金儲けを業とするもの、統治者を補助する任をもつもの、政策を審議する任に当るものという、この三つの種族があって一国をまとめていたのと同じように、魂の内においてもまた、この〈気概の部分〉は第三の種族として区別され、悪《あ》しき養育によってだめにされないかぎりは、〈理知的部分〉の補助者であることを本性とするものなのであろうか(5)？」

アディマントスはただちにソクラテスに同意し、〈気概の部分〉すなわちテューモスは単なる欲望のひとつでも理性の一側面でもなく、魂のなかの独立した一部分であると認める。テューモスは怒りと誇りの両方が根ざす場所である――レオンティオスは、屍体を見たいという気持ちに抗う気高《けだか》さが自分にあると信じて誇りを持っており、欲求に屈したとき、その気高さに従って行動できなかった自分に怒りを向けたのだ。

ソクラテスが認識した第三の魂「テューモス」

二〇〇〇年以上も前に、ソクラテスとアディマントスは近代経済学が認識していないことを理解していた。欲望と理性が人間精神（魂）の構成要素だが、第三の構成要素であるテューモスは、このふたつから完全に独立して働くということだ。テューモスは価値判断を担う。レオンティオスは、自分は屍体を見るような人間ではないと信じていた。薬物中毒者が、自分も生産的な勤め人や愛情ある母親でありたいと思うのと同じだ。人間は食べ物や飲み物、ランボルギーニ、ドラッグなど自分の外にあるものだけを欲するわけではない。自分の価値や尊厳が肯定的に評価されることも切望するのである。この評価は、レオンティオスの場合のように自分の内面から生じることもあるが、ほとんどの場合、周囲の社会にいるほかの人たちからその価値を「承認される」ことで実現する。肯定的な評価を受ければ誇りを感じ、受けることができなければ怒り（過小評価されていると思う場合）か、あるいは恥（ほかの人たちの基準に従って行動できていないと気づく場合）を覚える。

魂のこの第三の要素、テューモスを舞台として、今日の「アイデンティティの政治」は展開している。政治の登場人物たちは、たしかに経済問題をめぐって闘う——税金を下げるべきか上げるべきか、民主主義のもとで政府予算をどのようにさまざまな要求者に分配すべきかといった問題である。しかし、政治の多くは、経済的資源の問題とそれほど強くは結びついていない。

たとえば同性婚の運動を見てみよう。二十一世紀最初の十数年でまるで野火のように先進諸国に広がった運動であり、これにはたしかに経済的な側面もある。同性カップルの生存者権や相続権などの問題があるからだ。ただ、こうした経済的問題の多くは、シビル・ユニオン〔訳注：法律で認められたパートナー関係〕における財産について新しいルールを設けることで解消でき、実際にそうされてきた。しかし、シビル・ユニオンは結婚よりも位置づけが低い。社会は同性愛者も合法的に一緒になれると認めるが、そのつながりは男女間とは異なると考えられているわけだ。

これは、同性愛者が平等な尊厳を持つと政治制度がはっきりと認めることを求める多くの人には、とても受け入れられなかった。結婚できるということは、平等な尊厳を持つ印《しるし》なのである。そして同性婚に異を唱える人たちは、それと反対のことを求める。すなわち異性婚と伝統的な家族の尊厳のほうが優れているとはっきり主張しているわけだ。同性婚をめぐる感情は、経済よりも尊厳の主張と深く結びついているのである。

それと同様に、ハリウッドの映画プロデューサー、ハーヴェイ・ワインスタインによるセクシュアル・ハラスメントが明るみに出て生じた「#ＭｅＴｏｏ」運動でも、女性の怒りの根本にあったのは尊厳の問題だった。権力者の男が弱い立場の女性を無理やり従わせたことには経済的な面もあるが、女性を能力や性格などではなく性的魅力や見た目だけで評価する不当行為は、富や権力が互角な男女間にも存在する。

テューモスとアイデンティティの話をするのに、先を急ぎ過ぎたようだ。話を戻そう。ソクラテスは『国家』で、テューモスはすべての人間が平等に持つとは言っていないし、さまざまな形態で現れるとも論じていない。想像上の都市の特定階級の人間と結びつけてテューモスを語っている。すなわち、都市を敵から守る責任を負う守護者や補助者だ。彼らは戦士であり、欲求の充足を目的とする商人や、理性を用いて都市にとって何が最善かを話しあいで決める指導者階級とは異なる。ソクラテスは、テューモスを持つ守護者はたいてい怒っていると言い、よそ者に対して獰猛《どうもう》で主人に忠実な犬にたとえる。戦士である彼らは勇敢でなければならない。商人や指導者とは異なり、すすんで自分の命を危険にさらして苦難に耐えなければいけない。理性や欲望ではなく、怒りと誇りが彼らにそのリスクを負わせるのである。

こう語るソクラテスは、古代ギリシャの現実を反映している。というより、自分や自分の先祖が戦士であることを理由に、高い社会的地位を要求する貴族階級がいる世界の文明ほぼすべてに見られる現実を反映している。ギリシャ語で「紳士」のことを「カロスカガトス（kaloskagathos）」というが、これは「美と善」を意味する。また英語の「貴族政治（aristocracy）」という語自体が、ギリシャ語の「最善の者による支配」に由来している。戦士が商人と道徳的に異なるのは、彼らの徳のためである。つまり彼らがほかと異なるのは、公共の善のためにみずからすすんで命を危険にさらすからだ。合理的な効用最大化（近代経済のモデル）をあえて拒《こば》み、自分の命という最も重要な効用をすすんで危険にさらす者にのみ、名誉がもたらされるのである。

今日、われわれが貴族のことを振り返るときには、おおいに皮肉を含めて彼らのことを語り、よくてうぬぼれた寄生者、悪ければ暴力的な略奪者とみなす。貴族の子孫についてはさらにひどい評価を下す。一族の地位を自分で獲得したのではなく、たまたま生まれによってそれを得ただけだからだ。とはいえ理解しておかなければいけないのは、貴族社会では名誉や尊敬はだれもが得られるものではなく、自分の命を危険にさらす人たちだけにもたらされるという考えが深く根づいていたことだ。同じ感情の名残《なごり》は、現在の民主主義社会に生きるわれわれ市民にも見られる。国のために死ぬ兵士や、職務のなかで命を危険にさらす警察官や消防士に対する尊敬がその典型である。尊厳や尊敬はだれもが得られるものではなく、主に自分の幸福を最大化することを目指す実業家や労働者は、だれにも増してそれに値しないとされる。貴族は自分たちがほかの人より優れていると考えており、メガロサミア（megalothymia）——すなわち、ほかから抜きん出ていたいという欲求を持っていた。民主主義以前の社会は社会階層を基礎として成り立っており、ある階級の人が生来《せいらい》ほかより優れているという考えが、社会秩序を維持するのに欠かせなかったのである。

メガロサミアの問題は次の点にある。すなわち、ほかより優れていると認められる人よりも、劣っているとみなされ、人間としての価値を公《おおやけ》に認められない人のほうがはるかに多い点だ。ソクラテスとアディマントスは、テューモスを主に守護者の階級と結びつけるが、それと同時に人間はみな魂の三つの構成要素をすべて持っているとも考えていたようだ。守護者ではない人も誇りを持っていて、貴族に顔を叩《たた》かれて「どけ」と言われたり、妻や娘が社会的地位の高い男から性的な慰《なぐさ》みものにされたりすると、その誇りは傷つく。一定の集団がつねにほかより優れているとみなされたがる一方で、無礼な行為を働かれた人は強力な憤《いきどお》りを募らせる。さらに、偉大なアスリートやミュージシャンなど、ある種のことを成し遂げた人たちをわれわれは褒《ほ》めたたえるが、多くの社会的名誉はほんとうに優れているがゆえにではなく、社会の慣習をもとに与えられる。それゆえ、目立ちたがりの社交界の名士や、普通の人とたいして変わらないリアリティ番組のスターなど、おかしな理由で有名になった人たちは、たちまち怒りを買うことがある。

したがって、人間にとってメガロサミアと同様に強力な動機となるのが、ほかのみんなと「同等」とみなされたい気持ち、「アイソサミア（isothymia）」である。(6) メガロサミアは、経済学者ロバート・フランクの言う「地位財《ちいざい》」だ。地位財はその性質からして、ほかと共有できない。ほかの人との関係のなかでその人が占める地位に基づいたものだからである。(7) 近代民主主義台頭の物語は、アイソサミアがメガロサミアに取って代わる物語だといえる。少数のエリートだけを承認する社会が、だれもが生まれながらにして平等だと認める社会に変わったのである。ヨーロッパでは、かつて階級によって階層化されていた社会が庶民の権利を認めるようになり、大帝国の支配下にあった諸国が独立した平等な地位を求めるようになった。奴隷、人種差別、労働者の権利、女性の平等をめぐるアメリカ政治史上のさまざまな闘いは、つまるところ平等な権利を持つと政治制度が認める個人の輪を広げようとする闘いにほかならなかった。

とはいえ、話はこれよりもっと複雑である。現在の「アイデンティティの政治」は、社会の周縁に追いやられていた集団が平等な承認を求めることで動かされてきた。しかしこの平等な承認への要求は、集団の優越性を認めさせようとする要求にたちまち転じてしまうことがある。これがナショナリズムとナショナル・アイデンティティで大きな位置を占めており、今日見られるある種の過激な宗教政治でも幅をきかせている。

アイソサミアのさらなる問題としてあげられるのが、人間のある種の活動はほかの活動よりも必然的に大きな尊敬を受けるということである。これを否定すれば、傑出《けっしゅつ》した人間が存在する可能性を否定してしまうことになる。わたしはピアノを弾くことができず、この点でグレン・グールドやアルトゥール・ルービンシュタインと同等だとはとてもいえない。またどの社会でも、危険を感じたらすぐに逃げ出す臆病者や、外部の人間に味方する裏切り者よりも、公共の利益のために命を危険にさらす兵士や警察官のほうが尊敬される。全員が同じ価値を持つと認めると、何らかの意味で実際にほかより優れている人の価値を認められなくなってしまうのである。
アイソサミアは、同じ人間であるわれわれは基本的にみな同じ価値を持つと認めるよう求める。民主主義国では、アメリカ独立宣言でうたわれるように「すべての人間は生まれながらにして平等」だとみなされる。しかし歴史を振り返ると、「すべての人間」に含まれる者については、さまざまな異なる見解があった。独立宣言に署名がされたときには、財産を持たない白人、黒人奴隷、アメリカ先住民、女性は「すべての人間」に含まれていなかった。また人間の才能や能力には明らかに違いがあるので、政治的な目的のためにすべての人間が平等だとするにあたっては、いかなる意味で「平等」なのかをはっきりさせておく必要がある。しかし独立宣言ではこれは「自明のこと」とされており、平等をどう理解すればいいのか、あまり手がかりは与えてくれない。

テューモスは魂のなかの承認を求める要素である。『国家』では、少数の人だけがみずからの尊厳の承認を求めていた。その根拠となったのは、戦士としてすすんで命を危険にさらす姿勢である。しかし、承認欲求はすべての人間の魂に存在すると思われる。商人、職人、路上の物乞《ものご》いも、軽蔑されると心の痛みを感じる。だがこの感情は未発達で、本人たちはなぜ自分が尊敬されるべきなのか、よくわかっていない。社会は、これらの人には貴族ほど価値があるわけではないと言う――社会の判断を受け入れておけばいいではないか？　実際、人類史上のほとんどの期間では、これが大多数の人間の運命だった。

テューモスは人間本性の普遍的な側面であり、どの時代にも存在した。しかし、一人ひとりの人間が尊敬されるべき内なる自己を持ち、それを周囲の社会が認めないのはおかしいという考えは比較的新しい。したがってアイデンティティの概念は、テューモスに根ざしてはいるものの、近代になってから現れた。内なる自己と外面の自己があり、外面の自己よりも内なる自己に価値があるという新しい見解と結びついたときに、初めてアイデンティティの概念が生まれたのである。これは自己概念の変化と、経済とテクノロジーの変化に促されて急速に発展しだした社会的現実との産物だった。

第 3 章

内と外

INSIDE
AND OUTSIDE

「アイデンティティ」概念の登場

人間本性の不変の部分であるテューモス（尊厳の承認を渇望する心の働き）とは異なり、近代の「アイデンティティ」という概念は、数百年前に社会の近代化が始まるとともに現れた。生まれたのはヨーロッパだが、世界中ほぼすべての社会に広がって定着したといえる。

アイデンティティ概念の土台となったのが、自分の内面と外面は異なるという考えである。一人ひとりの内面に真のアイデンティティ、ほんもののアイデンティティが隠されていて、これは周囲の社会から与えられた役割とは異なると考えられるようになったのだ。近代のアイデンティティ概念は〈ほんものの自分〉に至上の価値を見いだし、表現されていない内面の存在を認めることに重きを置く。つまり、外面の自己ではなく内なる自己を重視する。内なる自己が何者なのか、自分では理解していないことも多いが、それでも漠然と自分は偽《いつわ》りの人生を生きることを強《し》いられていると感じている。ここから、「ほんとうの自分は何者なのか」という問いへの強いこだわりが生まれる。この問いへの答えを探し求めるうちは、疎外感《そがい》と不安にさいなまれる。この疎外感と不安は、内なる自己を自分が受け入れ、それが公《おおやけ》に承認されることでようやく解消される。また、社会が内なる自己を適切に承認するには、社会そのものが根本的に変わらなければならない。

西洋でアイデンティティの概念が生まれたのは、ある意味では宗教改革の時期だった。最初にそれを表現したのが、聖アウグスチノ修道会の修道士マルティン・ルター［訳注：ドイツの神学者、一四八三〜一五四六］である。伝統的な神学教育を受け、ヴィッテンベルク大学で教授職にあったルターは、十年にわたって読書し、思索に耽《ふけ》って、内なる自己と格闘する。ある歴史家によると、「神のみまえにおいては、ルターは無力である自分を発見した（中略）。彼は神に受け入れられているという確証が欲しかった。が、自分のなかに発見しうるものといえば罪の確かさだけであり、いっぽう神のなかには悔い改めようとする自分のすべての努力、その慈悲《じひ》を求めようとする自分の心を、すべて無にしてしまうような仮借《かしゃく》のないさばきを発見するにとどまった」(1)。ルターはカトリック教会が勧める苦行によって救済を求めたが、やがて何をしても神を買収したり、言いくるめたり、頼み込んで説得したりすることはできないと悟った。ルターの理解では、教会は告白、悔悛《かいしゅん》の秘蹟《ひせき》、施《ほどこ》し、聖人の崇拝によって人の外面に影響を与えるだけで、どれも真の変化をもたらすことはできない。というのも、神の恵みはただ、神の自由な愛の行為によってのみ授けられるからである。

ルターは、初めて内なる自己を言葉で表現し、外面の社会的存在よりも内なる自己に価値を置いた西洋思想家のひとりである。彼は人間にはふたつの本性があると論じた。内面の精神的な本性と、外面の身体的存在である。そして、「外的なものは何であろうと、またどのように呼ばれようと、人間を自由にするものではないし、人間を義とするものでもない」ため、内なる人間だけが変わることができると考えた。

それゆえに、ローマ一〇章〔一〇節〕に、「心に信じて義とされる」と言われているとおり、この信仰が支配しうるのは、ただ内なる人のみであり、また、ただ信仰のみが義とするのであるから、内なる人は、全くいかなる外的なわざや労苦によっても、義とされず、自由とされず、救われることなく、またいかなるわざも、内なる人になんら関与しえないことは明らかである。(2)

のちにプロテスタントの教義の中心に置かれるこの認識――すなわち行い（「わざ」）ではなくただ信仰だけが人を義とするという見解は、カトリック教会の存在意義を一撃で揺るがした。カトリックにおいて人間と神を媒介《ばいかい》する存在だった教会は、儀式と行いを通じて人間の外面を形づくることしかできないとルターは言うのである。ルターは中世の教会の頽廃《たいはい》と堕落《だらく》をおぞましく思っていた。しかしそれ以上に重要なのは、教会そのものが不要であること、それどころか神を買収したり神にものを強いたりしようとする教会は冒瀆《ぼうとく》的ですらあることを、彼が見抜いていたことである。ルターは社会におとなしく従いはしない。社会のほうが、人の内面が求めるものに合わせなければならないのである。ルター自身が意図していたわけではないが、宗教改革はまさにこの結果をもたらした。普遍的教会としてのローマ・カトリック教会は衰退し、それに代わるさまざまな教会が台頭して、支配的な社会構造よりも信者個人を優先させる一連の社会変化が起こったのである。

社会思想家たちは、宗教改革後にヨーロッパで起こった「近代化」という大変化は、物質的な力によってもたらされたのか、あるいはルターの考えのような思想に牽引《けんいん》されたのか、意見を闘わせてきた。カール・マルクスや現代の新古典派経済学者は、ルターの考えは物質的状況から生まれたと言うだろう。ドイツの諸侯《しょこう》のあいだで経済的な不満や格差が広がっていなければ、ルターの考えはあれほど拡散しなかったというわけだ。他方で社会学者マックス・ウェーバー〔訳注：ドイツ、一八六四〜一九二〇〕は、思想のほうが重要だと主張する。経済学者が研究対象とする物質的状況は、人々の考え方が変化することでその存在が認められて生じるのであり、同じような状況があっても、知的風土が異なっていたら同じ結果にはならなかったと論じるのである。

わたしの考えでは、どちらの立場も真実を部分的に捉えている。因果関係は同時に両方向に働いているからである。物質的状況によって、当然ながら人々はある種の思想を受け入れやすくなる。しかし思想にはそれ自体の論理があり、思想が示す認識の枠組みがなければ、人々は物質的状況を別のかたちで解釈する。この点は、アイデンティティ概念の発展についてのわれわれの理解にも関係している。アイデンティティの概念が発達したのは、思想が進化したことと、ヨーロッパで社会と経済の近代化が始まるにつれて社会の状態が広く変化したこと、その両方のためだからである。

思想の領域では、内面と外面の区別が生まれ、外面よりも内面に価値が置かれるようになった。重要な意味でこの出発点となったのがルターである。* アイデンティティの問題と格闘する後世の多くの思想家と同じように、ルターも自分自身を理解し、神の前で自分をいかに正当化すればいいのかを考えようと、苦しい探求を始めた。この内なる人間は、よくない者、罪深い者だが、外面の行動に現れず目に見えない内面の信仰によって救われる。ルターはこのように、内なる自己には深みと多くの層があり、この内なる自己はただ個人的な内省によってのみ明らかにできるという考えを生み出した。これはアイデンティティ問題の中心にある考えである。とはいえ、マルティン・ルターは現代のアイデンティティ理解からは遠いところにいる。ルターは内なる自己の自由を称揚《しょうよう》するが、この自己にはただひとつの面しかない。信仰、神の恩寵《おんちょう》を受け入れることである。これは二者択一の選択であり、選ぶ自由があるのは神を信じるか信じないかだ。ヒンドゥー教徒や仏教徒であることは選べないし、自分のほんとうのアイデンティティはゲイやレズビアンだと決めることもできない。ルターは「意味の危機」に直面してはいなかった。これは、彼には理解不可能なことだったはずだ。ルターは普遍的教会を退けるが、キリスト教の根底にある真理は完全に受け入れていた。(3)

ルターが現代のアイデンティティ理解に到達していなかった第二の理由は、彼の考える内なる自己が、新たに発見した自由を公に承認されることを求めていなかった点にある。実際、ルターが苦しんでいたのは自分自身の動機についてであり、彼は自己満足に陥《おちい》るのを避けたいと願い、それを目指していた。「彼は自分が救いがたい罪人であることを知っていた。いわゆる現世欲をのがれることができなかった（正しいことをしても神のためではなく自分のためにやるという罪を犯した）」からである。(4) ルターは生きているうちに広く認められ、義憤《ぎふん》から画期的な大仕事をやってのけたが、彼の教義は神との個人的な関係の上に築かれており、いかなるかたちにおいても公の承認には根ざしていなかった。

それでも内面と外面の区別は確立され、ルターのキリスト教的世界観を受け入れないその後の思想家たちが、内面の自由を新しいかたちで提示するようになった。

＊マルティン・ルターに何世紀も先立って、アウグスティヌスが『告白』で自分の内なる自己を同様に苦しみながら探っている。しかしルターの場合とは異なり、アウグスティヌスの著作は既存の社会制度の価値を低く見ることはなく、また、当時の政治や社会に大きな変化をもたらすこともなかった。

人間の本性を「善」と説いたルソー

十八世紀終わりには、現代のアイデンティティの核にある考えが大幅に発展し、世俗的なかたちをとるようになる。カナダの政治思想家チャールズ・テイラーがこのプロセスを決定的に説明する本を書いており、そこでは哲学者ジャン゠ジャック・ルソーが中心的な役割を果たす(5)。ルソーの思想は、のちに近代のさまざまな思潮にきわめて重要となる数多くの概念の出発点となった。民主主義、人権、共産主義、人類学、環境決定論などである。ルソーにとって、多岐《たき》にわたる政治的、社会的、個人的著作をまとめあげるテーマになっていたのは、内なる自己が本質的に善だという考えだった(6)。

ルソーは人間の内面について、キリスト教の道徳的評価を逆転させる。ルターらキリスト教徒は原罪を信じていた。つまり人間は堕落した創造物であり、ただ神の愛によってのみ救済されると考えていた。それに対してルソーは、『人間不平等起原論』で、最初の人間――自然状態の人間――は罪深くはなかったと論じる。嫉妬《しっと》、欲、暴力、憎悪《ぞうお》など、罪や悪と連想される性質は、最初期の人間を特徴づけるものではなかった。ルソーによると、社会はそもそも存在しなかった。初期の人間は臆病で孤立した存在であり、必要なことは限られていて、自然な営みは、家族をつくることではなくセックスをすることだった。欲や嫉妬を感じることはなく、自然に持つ感情はただ他者の苦しみへの同情心だけだった。

　ルソーの考えでは、社会が発見されたことで人間が不幸になった。最初の人間は、動物を支配することで社会へ転落し始め、そこで「彼の心に自尊心の最初の動き」が生じた。その後、身の安全を守り便宜《べんぎ》を図るために互いに協力するようになる。より緊密なこの結びつきによって、「人間の精神のなかにある種の関係の知覚が生ぜずにはいなかった。大小、強弱、遅速、臆病、大胆などの語」によって表現される関係の知覚である。ほかの人間を比較したり評価したりする能力が、人類の不幸の源《みなもと》だとルソーは考える。「人々がお互いに評価しあうことをはじめ、尊敬という観念が彼らの精神のなかに形成されるやいなや、だれもが尊敬をうける権利を主張した。そして、もはやだれにとっても、それを欠いては不都合が起らずにはすまなくなった」。ルソーは自愛心（amour de soi）から自尊心（amour propre）への移行を非難する。それによって、単純な利己心が誇りの感覚と社会的承認への欲求に姿を変えてしまったからだ。[7]

　ルソーは、私有財産は冶金《やきん》と農業の発見によって生まれたと言う。財産を蓄積できるようになると、人間はかつてないほど豊かになったが、個人間の自然な差異が大きく誇張され、嫉妬、羨《せん》望《ぼう》、誇り、恥といった感情が、かつてない次元にまで高まった。したがってルソーは、よく知られているように『人間不平等起原論』第二部の冒頭でこう述べる。

ある土地に囲《かこ》いをして「これはおれのものだ」と宣言することを思いつき、それをそのまま信ずるほどおめでたい人々を見つけた最初の者が、政治社会〔国家〕の真の創立者であった。杭《くい》を引き抜きあるいは溝《みぞ》を埋《う》めながら、「こんないかさま師の言うことなんか聞かないように気をつけろ。果実は万人のものであり、土地はだれのものでもないことを忘れるなら、それこそ君たちの身の破滅だぞ！」とその同胞たちにむかって叫んだ者がかりにあったとしたら、その人は、いかに多くの犯罪と戦争と殺人とを、またいかに多くの悲惨と恐怖とを人類に免《まぬが》れさせてやれたことであろう(8)？

ルソーの考えでは、人類をこの不平等と暴力の惨状から引き戻す方策がふたつある。ひとつめが、『社会契約論』で示される政治的な解決策である。そこでは、「一般意志」が現れて共和主義的な徳のもと人々をひとつにまとめ、市民は本来の平等な状態に戻る。人々は政治的に団結して互いに協力することになるが、この団結は意見の相違や多元性を排除する。この解決策は、当然ながら全体主義の原型として批判されてきた。多様性を抑えつけ、思考の画一性を厳しく求めるからだ。

ふたつめの方策は、政治ではなく個人の次元の話である。後期の著作『孤独な散歩者の夢想』

でルソーは、最初の人間に見られた意識の状態を回復しようと試みる。つまり社会が発見される前の人間の意識である。『人間不平等起原論』でルソーは、「人間の最初の感情は自己の生存の感情であった」と述べており、この「自己の生存の感情」は、満ち足りた幸福な感情として『孤独な散歩者の夢想』にもふたたび登場する。これは、後天的に獲得した社会的感覚の層の下に隠れる真の自己を見つけだそうとしたときに現れる感情である。[9] ルソーの生存の感情は、現在「生きられた経験（lived experience）」と呼ばれているものへとやがて姿を変える。いまの「アイデンティティの政治」の根本にあるのが、この「生きられた経験」である。

こうしてルソーは、人間本性について独自の見解を確立した。自然状態の人間は暴力的かつ残《ざん》酷《こく》で利己的だとするトマス・ホッブズの主張に異を唱え、私有財産は初期の人間にも自然だったとするジョン・ロックに反対する。テューモスが人間の魂《たましい》の構成要素だと考えるソクラテスとアディマントスとも意見を異《こと》にする。ルソーの考えでは、誇りの感情と他者から認められたいという欲求は、最初期の人間には存在しなかったからだ。

ルソーが主張し、その後の世界政治の土台となったのが、社会と呼ばれるものが人間個人の外部に存在するという考えである。数多くのルール、関係性、命令、慣習が人間の可能性実現を阻《はば》み、人類の幸福を妨《さまた》げているというわけだ。この考え方はわれわれにすっかり染みついているので、普段意識されることはない。それが目に見えるのは、罪を犯した若者が「社会が自分にこうさせた」と申し開きをするときや、女性が周囲の男女差別的な社会のせいで自分の可能性が狭められていると感じていたりするときである。さらに大きなレベルでもこれは見られる。アメリカ主導の国際秩序によってロシアが不当に軽視されているとウラジーミル・プーチンが不満を示し、それを覆《くつがえ》そうとしているのがその一例だ。かつての思想家たちも、既存の社会ルールや慣習の一部を批判することはあった。しかし既存社会とそこでのルールをすべて廃止し、もっと望ましいものと取り替えるべきと説く者はまずいなかった。この考えによってルソーは、一七八九年フランス、一九一七年ロシア、一九四九年中国の革命政治と結びついているのである。

ルターと同じでルソーも、内なる自己と、ルールに従うよう求める外側の社会とをはっきり区別する。しかしルターとは異なり、その内なる自己の自由は、神の恵みを受ける能力だけにあるとは考えない。積み重ねられてきた社会のしきたりに縛られずに「生存の感情」を経験する自然で普遍的な能力にこそ、内なる自己の自由があるのである。こうしてルソーは、ルターが切り拓《ひら》いた内なる自己を世俗化して一般化した。これはルソーがみずからの内奥《ないおう》にある感情を探ることで成し遂げられたが、その感情はアウグスチノ会修道士の感情と同じくらい怒りに満ちていて執《しつ》拗《よう》だった。チャールズ・テイラーによると、「これは近代文化の大がかりな主観主義的転回の一部であり、新しい形の内面性にほかなりません。そのもとでこそわたしたちは、人間とは内的な深さをもった存在だと考えるようになったのです(10)」。

ルソーが見誤った人間の「承認欲求」

このように、ルソーが内なる自己を世俗化し、社会的な慣習よりもそれに重きを置いたことで、近代のアイデンティティ概念にとってきわめて重要な足がかりができた。しかし、すでに見たようにルソーは承認欲求が人間にとって自然なものだとは考えていなかった。誇りの感情と自分をほかと比べようとする癖《くせ》は初期の人間にはなかったとルソーは考え、人類史にそれらが現れたことで、その後の人類にもたらされる不幸の土台ができたと論じる。したがって、内なる自己を回復するには、社会から承認されたいという欲求を自分のなかから取り除かなければならない。孤独な夢想者は、ほかから認められる必要はないのである。

初期の人間社会と人間の進化についての最新の知識を持つわれわれには、ルソーがあることについてはきわめて正しく、ほかではおおいに間違っていたことがわかる。人間社会の進化のステージを、いまの言葉でいう狩猟採集社会から農耕社会へ、そして商業社会への移り変わりとしておおむね描いているのは、ほぼ正しい。農業の発見が重要だと強調するのも正しい。農業によって私有財産制が生まれ、狩猟採集社会よりも不平等で階層的な農耕社会ができたというのも、そのとおりである。(11)

しかし、ルソーはいくつかの重要な点で間違っていた。まず、初期の人間は根本的に個人主義的だったという考えは正しくない。これが間違っていたといえるのは、第一に、社会化される前の人間がいたという考古学的・人類学的な証拠がないからであり、第二に、現生人類の先祖にあたる霊長類もきわめて社会的だったことが、ほぼ確実にわかっているからである。現存する霊長類は、複雑な社会構造とそれを支えるのに必要な感情機能を、はっきりと備えている。(12)社会の進化のどこかの段階で誇りが現れたというルソーの考えは奇妙だと言わざるをえない。というのも、人間に内在するそうした感情が、外からの刺激に反応して自然に現れるのはどのような仕組みによってなのかという疑問が生じるからだ。もし誇りが社会的に構築されたものであれば、幼い子どもはそれを経験するよう何らかのかたちで訓練されなければならないはずだが、われわれの子どもたちはそんな訓練を受けてはいない。現在では、誇りと自尊心は脳内の神経伝達物質セロトニンのレベルと関係していることが知られており、チンパンジーはボスの地位につくとセロトニンのレベルが上がることもわかっている。(13) どうやら、現生人類が互いに比較しなかったり、社会的承認を得たときに誇りを感じなかったりした時期はなさそうだ。この点において、プラトンのほうがルソーよりも人間の本性をよく理解していたといえる。

内なる自己と外面の自己との区別が、ヨーロッパで宗教改革とフランス革命のあいだに現れたのは偶然ではない。ヨーロッパ社会では一連の大きな経済的・社会的変化が起こっており、こうした考えが広まる物質的条件が生まれていたのである。

人間社会ではどこでも、メンバーは社会化されて共通のルールのもと暮らす。それがなければ、人間同士が協力して人類が種として成功することはできなかっただろう。どの社会にも、ルールを受け入れたがらない反抗的なティーンエイジャーや社会不適合者がいるが、内なる自己を外の規範に従わせることによって、社会の側がほぼいつも勝利を収める。

したがって、現在のアイデンティティ概念は、古来の伝統的な人間社会では生まれることはなかった。人類史上、過去一万年のほとんどの期間には、大多数の人間は固定された農業共同体に暮らしていた。そのような社会では、社会的役割は限定され固定されていた。年齢と性別によって厳密に階層が決まっており、全員が同じこと（農業あるいは子育てや家事）をして暮らしていたのである。限られた友人や隣人とともに、ひとつの小さな村で生涯ずっと過ごし、宗教や信仰はみんな同じだった。社会の流動性はほぼ皆無で、村から離れたり、違う職業を選んだり、親が選んだ相手以外と結婚したりすることはできなかった。そのような社会には、多元性も多様性も選択肢もない。選択肢がないのだから、「ほんとうのところ自分はだれなのか」などと考え込むこともない。内なる自己を形づくる特徴はすべて固定されている。村から逃げ出して別の村へ行くことで、それに反抗することもできるかもしれないが、逃げた先の村でも結局、まったく同じように制限された社会空間に閉じこめられることになる。個人の外側にあって人の選択を制限する「社会」という概念は存在せず、その社会よりも内なる自己に価値を置くこともない。

これはすべて、ヨーロッパで広く近代化が根を下ろすなかで変化する。商業革命によって交易が大きく広がり、既存の社会階層が覆された。アダム・スミス［訳注：イギリスの哲学者、一七二三～九〇］は『国富論《こくふろん》』で「分業は市場の広さによって制限される」と論じる。技術の発展によって市場が大きくなると、新たな職業が生まれ、さまざまな社会階級が現れる。都市が力をつけて独立性を高める。苛酷《かこく》な領主から逃れようとする小作農の受け皿となるのが、それらの都市である。宗教改革によって一世紀半に及ぶ宗教戦争が始まり、ヨーロッパの政治地図上で争奪戦が繰り広げられた。それによって、宗教を選ぶことができるようになった。中世の教会のもとでは不可能だったことだ。また、印刷機が発明されて識字率が上がり、新しい考えが急速に拡散した。

これらの社会と経済の大変化によって、個人は突如《とつじょ》として以前よりも多くの人生の選択肢やチャンスを持つようになった。昔の社会では選択肢が限られており、その限られた選択肢によって、ある人の内面が何者であるか決定されていた。しかし、新たな地平が開けたのにともなって「自分はだれか」という問いが急に意味を持つようになり、人の内面とその外にある現実との大きな隔《へだ》たりも意識されるようになった。つまり観念が物質的世界を形づくり、物質的世界が特定の観念の拡散する条件をつくり出したのである。

第4章

尊厳から民主主義へ

FROM DIGNITY TO DEMOCRACY

すべての人々の「尊厳」が承認される理念へ

　近代のアイデンティティ概念は、三つの異なる現象をひとつにしたものだ。ひとつめがテューモス、すなわちすべての人間が備え持つ承認を求める性質である。ふたつめが内なる自己と外面の自己を区別し、外の社会よりも内なる自己に道徳的価値を見いだす考えである。この考えは近世のヨーロッパで初めて登場した。三つめが尊厳の概念であり、これは拡大を続けてきた。そこでは、承認は一部の人だけでなく全員に与えられるべきだと考えられる。尊厳が多くの人に広がり普遍化すると、個人の自己探求が政治的な取り組みになる。西洋政治思想では、この変化はルソーに続く世代の哲学者、イマヌエル・カント〔訳注：プロイセン王国の哲学者、一七二四〜一八〇四〕と、とりわけゲオルク・ヴィルヘルム・フリードリヒ・ヘーゲルを通じて起こった。

　ソクラテスの考えでは、尊厳を求めるのは主に政治共同体の戦士だった。みんなのためにすすんで死の危険を冒《おか》す勇気を示した者たちである。これも人間の尊厳についてのひとつの理解ではあるが、ほかにもさまざまな見解がある。聖書の『創世記』では、アダムとイヴは純粋無垢《むく》だったが、ヘビにそそのかされたイヴが善悪の知識の木の実を食べる。するとアダムとイヴは、たちまち自分が裸であることに気づいてそれを恥じ、身体を隠そうとした。神は命令に背《そむ》いたふたりをエデンの園から追放し、人類はその後、この原罪に続く堕落《だらく》状態に生きているという。

　キリスト教における尊厳の概念の中心には、この道徳的選択の能力がある。人間は善悪を判断でき、善をなすことを選択できる――アダムやイヴのように、悪を選択することも多いとはいえ。信仰によって自分が正当化されるというルターの考えも、この選択を表現したものにほかならない。また、アダムとイヴは誤った選択をしたが、ふたりが罪を犯すことができなければ、そもそも選択は無意味である。果実を食べたことで、ふたりは自分たちが、また人類が道徳的存在であるという事実を打ち立てた。それ以降、人間は善悪の違いを知り、選択ができるようになったのである。動物は本能のままに行動するので善悪を知らず、神はある意味では純粋な善そのものなので、つねに正しい選択をする。人間は選択する力を持っており、それゆえ動物よりも高い地位にいる。善をなす神の力を分かち持っているからだ。ただし人は罪を犯すこともあるため、神よりは地位が低い。この意味において、キリスト教の伝統ではすべての人間は根本的に平等である。というのも、選択する能力をみんなが平等に持つからだ。人間の尊厳にとって道徳的選択が中心を占めることは、バプテスト派の牧師マーティン・ルーサー・キング・ジュニア〔訳注：公民権運動の指導者、一九二九〜六八〕も強調している。キングは言う。「わたしには夢がある。わたしの四人の幼い子が、いつか肌の色ではなく人格によって評価される国に住むという夢である」。つまり外面の性質ではなく、内なる自己による道徳的選択によって評価される国だ。

イマヌエル・カントは、尊厳についてのこのキリスト教的理解を世俗化して、『純粋理性批判』や『道徳形而上学原論《けいじじょうがく》』などの著作で提示した。カントは、無条件に善といえるのは善意のみ、つまり適切な道徳的選択をする力だけだと論じる。ただ、カントはこれを宗教の文脈では語らない。カントにとって道徳的選択の力とは、理性の抽象的なルールに従う力のことである。これは、選択の結果、人間によき生活や幸福がもたらされるという「目的のための手段」としてではなく、理性に従うことそれ自体を目的としてなされる。道徳的選択の力を持つということは、人間はホッブズの言うような物理法則に従う機械ではないということだ。つまり人間は物理的な環境から独立してみずから選択をすることができる道徳的主体であり、それゆえほかの手段のための目的とみなされるべきではなく、人間自体が目的とされるべきなのである。道徳とは、人間の幸福を最大化するための功利的な計算法ではなく、選択の行為そのものである。カントにとって人間の尊厳の中心にあるのは、人間の意志である。人間は真の行為主体だ。つまりほかの原因によって動かされるのではなく、原因そのものなのである。

哲学者ヘーゲルも、このように道徳的選択と人間の尊厳が結びついていることを受け入れる。人間は道徳的に自由な行為者であり、欲求を最大限に満たそうとする単なる合理的な機械ではない。しかしルソーやカントとは異なり、ヘーゲルが人間の条件を論じる際には、その道徳的行為者の承認を中心に据える。『精神現象学』でヘーゲルは、人間の歴史は承認をめぐる闘争によって動かされてきたと論じる。承認への要求はまず、血みどろの戦いでみずからの命をすすんで危険にさらす戦士たちから生まれた。この戦いは領土や富をめぐる戦いではなく、ただ承認そのものを求める戦いである。しかし、この承認欲求は根本的に満たされることがない。なぜならば、勝利して得られるのは、尊厳を持たない奴隷からの承認だからである。この問題は、ただ奴隷が労働を通じて尊厳を獲得することによってのみ解消される。つまり世界を人間が生きるのに適した場所に変える能力によって、奴隷は尊厳を獲得するのである。唯一合理的な承認は、主人と奴隷に共通する人間としての尊厳を互いに承認しあうという形態をとる。

ヘーゲルはこの闘争を、ルソーのように個人の自己発見への旅としては捉えずに、政治的に理解していた。ヘーゲルの時代に大きな争点となっていたのは、フランス革命およびそこでの人間の権利の成文化だった。一八〇六年のイエナの戦いのあと、若きヘーゲルは、自分の住む大学町イエナをナポレオンが馬に乗って通り過ぎるのを目にし、フランス革命の理念に普遍的な承認へ向かう出発点を見た。この意味で、歴史は終わったとヘーゲルは考えたのである。歴史は、普遍的な承認という考えにおいて頂点に達した。その後の出来事は、ただこの理念を地球の隅々《すみずみ》にまで広げていくだけである[1]。

個人の権利を土台とする自由民主主義国は、国民は共同で自治をする力を持つ道徳的行為主体であるとみなし、平等な尊厳という考えを法律で尊重している。ヘーゲルの時代には、馬に乗った将軍（ナポレオン）がこの考えを諸国に押しつけていたが、ヘーゲルにとってそんなことは、人間の自由の発展という大きな物語のなかでは些細《ささい》なことに過ぎなかった。

十九世紀はじめには、近代のアイデンティティ概念の要素は、ほぼすべて出揃《でそろ》っていた。内面の自己と外面の自己の区別、既存社会のあり方よりも内なる自己に重きを置く価値観、内なる自己の尊厳は内なる自己が道徳的自由を持つことから生じるという理解、すべての人間がこの道徳的自由を持つという見解、自由な内なる自己が承認を受けるべきとの要求——これらの要素である。ヘーゲルは近代政治の根本にある真実を正しく指摘していた。フランス革命などの出来事によって解き放たれた大きな情念、その根底にあったのは尊厳をめぐる闘争だという真実である。

内なる自己は単なる個人の内省の問題ではなく、その自由は権利と法律に具体化される。フランス革命の二〇〇年後に広がる民主化の波は、自分たちの政治的な人格が承認されるよう求める人々、つまり自分たちも政治権力を分かちあう力を持つ道徳的行為者だと認められることを要求する人々によって駆《か》り立てられた。

言いかえるなら、奴隷が主人に反旗を翻《ひるがえ》すことになったのだ。少数の尊厳のみが承認されていた世界が、すべての人間の尊厳が承認されることを根本理念とする世界に変わったのである。

第 5 章

尊厳の革命

REVOLUTIONS
OF DIGNITY

アラブの春、色の革命の抗議者たちの感情

尊厳を平等に承認されたいという要求がフランス革命に命を吹き込み、その流れは現在まで続いている。

二〇一〇年十二月十七日、チュニジアの露天商モハメド・ブアジジの屋台から警察が野菜を押収した。許可を受けていないというのが表向きの理由だった。家族によると、ブアジジは女性警察官ファイダ・ハムディに公衆の面前で平手打ちを受け、電子はかりを没収されて、顔につばを吐きかけられた（ハムディが女性だったことも、男性が支配的な文化のもとでブアジジの屈辱《くつじょく》感をさらに大きくしたのかもしれない）。ブアジジは県庁舎へ抗議しに行き、はかりを取り返そうとしたが、知事に面会を拒《こば》まれた。その後ブアジジはガソリンを浴びて自分に火をつけ、こう叫んだ。「どうやって暮らしていけばいいんだ？」

このニュースはアラブ世界に猛烈な勢いで広まり、「アラブの春」として知られる運動の引き金となった。チュニジアではたちまちその影響が見られ、一か月も経《た》たないうちに暴動が広がって、長年にわたりチュニジアを支配していた独裁者ザイン・アル＝アービディーン・ベン・アリーが辞任・亡命した。大規模な抗議運動がほかのアラブの都市でも発生し、なかでも近くのエジプトでは、独裁者ホスニー・ムバーラクが二〇一一年二月に権力の座を追われた。人々が自分たちにも力があるのだと感じるようになり、権威主義的な指導者たちを突如《とつじょ》として批判し始め

て、リビア、イエメン、バーレーン、シリアでも抗議と反乱が起こる。これらの抗議者たちに共通していたのは、政府から屈辱を受け、軽んじられているという怒りの感情だった。

その後、アラブの春は悲惨な道をたどる。最大の悲劇はシリアで起こった。同国の独裁者バッシャール・アル＝アサドが権力を手放すのを拒んで自国民に戦争を仕掛け、これまでに四十万人以上が死亡して何百万人もの難民を生んだ。エジプトでは民主的選挙でムスリム同胞団が政権の座につき、ムスリム同胞団流のイスラム教が国に押しつけられることを恐れた軍が二〇一三年にクーデターを起こす。リビアとイエメンは血で血を洗う内戦状態に陥《おちい》り、地域全体で独裁主義者が支配力を強めた。アラブの春の起点となったチュニジアだけが自由民主主義の体裁をとってはいるものの、それも危うい状態にある。

こうした出来事を振り返って、次のように論じるのは簡単だろう。アラブの春は初めから民主主義とは何の関係もなかったのであって、この地域の政治を支配しているのはやはり不寛容なイスラム主義なのだと。しかしこの見方では、モハメド・ブアジジの焼身自殺によって解き放たれた政治的な情熱を正しく捉えることはできない。アラブ世界は、抑圧的で停滞した独裁政権に長年苦しめられていた。なぜ突然、たったひとつの事件に反応して、あれだけ多くの人が命の危険を冒《おか》して行動に出たのだろうか。

ブアジジの事件は、具体的な事情が決定的に重要である。彼は抗議者でもなければ、政権に不当な扱いを受けた政治犯でもない。非公式経済でなんとか生計を立てようとしていた一般市民だった。発展途上国では、多くの事業主が非公式経済にとどまる。政府が数多くの法的要求を課すので、それに従って正式にビジネスをするのがむずかし過ぎるからだ。ブアジジの経験がアラブ世界の何百万もの人たちになじみ深く感じられたのは、チュニジア政府による彼への仕打ちのためだった。ブアジジは生活がかかった商品を一方的に押収され、公衆の面前で恥をかかされた。そして苦情を申し立て正義を回復しようとしても、だれも耳を傾けなかった。国は彼を人間として扱っていなかったのである。つまり道徳的行為主体であるブアジジは、なぜ商売道具を奪われたのか、少なくとも説明や釈明を与えられてしかるべきなのに、そうした扱いを受けなかった。アラブ世界の何百万もの人にとって、ブアジジの焼身自殺は、それぞれ自国で感じていた不正な政権への不満を結晶化させる出来事だったのだ。

その後、アラブ世界はカオス状態に陥る。アラブ人自身のあいだで、かつての独裁制のあとでどのような統治形態をとるべきか、意見が一致しなかったからである。ただ、二〇一一年にはわずかのあいだ、望まない統治形態については強い合意があった。自分たちを子ども扱いし、最悪の場合には腐敗した政治家に騙《だま》され、経済的に搾取《さくしゅ》され、戦争で使い捨てにされる臣民《しんみん》とみなす独裁政権は、だれも望んでいなかったのである。

過去二世代にわたって、世界では独裁政権に対する数多くの反乱が自然発生的に起こった。さまざまな抗議運動が見られ、一九八九年に共産主義体制を崩壊させたり、南アフリカでアパルトヘイトを廃止させたり、一九九〇年代にサハラ以南のアフリカで市民を結集させたり、二〇〇〇年代はじめにジョージアやウクライナで「色《いろ》の革命」［訳注：旧ソ連諸国で独裁政権に抗議した民主化運動の総称］を起こしたりしたが、いずれにおいても中心的な課題となっていたのは、基本的な人間の尊厳が尊重されることだった。

実際、これらの反乱のなかには「尊厳の革命」と呼ばれるようになったものもある。二〇一三年十一月、ウクライナ大統領のヴィクトル・ヤヌコーヴィチがEUとの連合協定締結を棚あげにし、その代わりにロシアおよびロシア大統領ウラジーミル・プーチンのユーラシア経済連合との密接な協力を目指した。ヤヌコーヴィチは二〇〇四年のオレンジ革命のとき、不正選挙で大統領への当選を確保しようとして民衆の反乱を招き、権力の座を追われていた。しかし二〇一〇年に大統領として返り咲く。革命後に政権の座についた「オレンジ連合」が、腐敗し仲間割れして国民の期待に応えられなかったからだ。

ヤヌコーヴィチがウクライナをふたたびロシアの勢力圏に引き戻そうとしたことで、首都キエフでは一連の抗議運動が勃発《ぼっぱつ》し、十二月上旬までに八十万人近くが独立広場（マイダン）に集まってEUとの連携継続を訴えた。政権は暴力でこれに応酬したが、この種の状況の多くと同じで、抗議者を殺害しても怒りに火をつけただけであり、ユーロマイダン運動を支持する群衆はさらに増えた。翌二〇一四年二月に一〇〇人以上の抗議者が死んだあと、ヤヌコーヴィチは状況を制御できなくなってふたたび大統領の座を退き、ウクライナは新しい政治に開かれた。

こうした出来事ののちに、ウクライナは自由民主主義国としてうまく機能しているといえるのだろうか。実のところ、状況はチュニジアとあまり変わらない。経済と政治は少数の権力者が支配し、そのなかのひとり、ペトロ・ポロシェンコが二〇一四年六月に大統領に選出された。政府は民主的に選挙によって成立してはいるが、汚職がはびこり、隣国ロシアから攻撃を受けて同年にクリミアを奪われ、ウクライナ東部にも戦争を仕掛けられた。とはいえ、ユーロマイダンと尊厳の革命を引き起こした者たちの動機を理解しておくのは重要である。

反乱は、厳密には民主主義（選挙によって人々が意思表示するという意味での民主主義）を目指したものではなかった。ヤヌコーヴィチは地域党の支持を受け、二〇一〇年に合法的に選挙で大統領に選ばれていた。これは民主主義をめぐっての闘争ではなく、腐敗と権力の濫用《らんよう》をめぐる闘いだったのだ。ヤヌコーヴィチは大統領の座を利用して個人的に何十億ドルもの資産を蓄《たくわ》えており、豪勢な邸宅などの資産が露見して、やがてそれが周知のところとなった。地域党は怪《あや》しげな新興財閥《ざいばつ》実業家リナト・アフメトフから強力な支援を受けていた。アフメトフはウクライナ東部の大規模産業をほぼ手中に収める人物である。ＥＵとの連携か、あるいはプーチンのロシアとの協力かという選択は、人々を市民として平等に扱う近代的な政府のもとでの暮らしを望むのか、あるいは民主主義の見せかけの裏で自己利益を追求する泥棒政治家が民主主義を操作する体制のもとで暮らすのかという選択にほかならなかった。プーチンのロシアは、この種のマフィア国家の典型とみなされていた。ヨーロッパではなくロシアと密接に連携することになれば、説明責任を負わないエリートに真の権力が握られる世界へ一歩近づくことになる。したがって、ユーロマイダンは一般市民の尊厳を守るための反乱だったと考えられる。

現実世界の自由と平等

アラブの春の初期や、色の革命に見られた衝動は、近代自由民主主義の道徳的核にあるものを示している。自由民主主義は、自由と平等というふたつの理念に基づいた体制だ。自由は消極的自由として、つまり政府権力からの自由としても理解でき、アメリカ保守主義者の多くは、自由をそのように解釈している。つまり、個人個人が望むとおりに自分の生活を送ることが許されるべきだと考えているわけだ。しかし自由の意味は通常、政府の干渉《かんしょう》を受けずにいることだけにとどまらない。自由とは人間の行為者性（human agency）のことも意味する。つまり自治に積極的に参加することで自分の力を行使する能力のことも意味するのである。チュニスやカイロやキエフの路上を埋《う》めた群衆が感じていたのも、この行為者としての感覚だった。群衆は初めて、政治権力の使い方を自分たちで変えられると感じていたのである。この自由は参政権というかたちで制度化されており、市民一人ひとりが少しずつ政治権力を分かちあっている。それに、言論の自由と集会の自由というかたちでも制度化され、政治的に自己を表現する手段が確保されている。したがって、多くの現代民主主義国の憲法に、平等な尊厳という理念が掲げられてもいる。このもとになったのが、人間は道徳的行為主体であり、それゆえ尊厳を持つと考えるキリスト教の伝統である。しかしこれは、もはや宗教的な意味では理解されていない。つまり、神を受け入れる力としては理解されていない。民主的な政治共同体の一員として権力の行使に参加する力として捉えられているのである。

現代の自由民主主義諸国では、第二の理念である平等が、実際に経済的・社会的平等を実現することだと考えられることはまずない。これを実現しようとした社会主義諸国では、市民生活を国が大幅にコントロールしなければならず、やがてそれが第一の理念である自由と衝突した。市場経済は、個人が自己利益を追求することで成り立っており、そこでは能力や生まれの違いによって富の不平等が生じる。現代自由民主主義のもとでは、平等はこれまでずっと自由の平等により近いものを意味してきた。腐敗した政府権力から解放される消極的自由の平等と、自治と経済活動に参加する積極的自由の平等、このふたつのことである。

現代の自由民主主義国は、力を持ちながらも法の支配と民主的な説明責任に縛られた国家をつくることで、これらの自由と平等の理念を制度化している。法の支配によって国民に基本権が与えられ、国の力が抑えられる。この基本権とは、言論、集会、財産、信仰などの領域での権利であり、そこでは国が個人の選択を制限することはできない。法の支配はまた、すべての国民にこのルールを平等に適用する。体制内で最高の政治的地位にいる者も例外ではない。こうして法の支配は平等の理念にも寄与している。一方、民主的な説明責任は、参政権を与えることですべての成人国民に権力を平等に分け与え、国民の権力行使に反対する支配者を交代させられるようにしている。それゆえ、法の支配と民主的な説明責任は通常密接に絡《から》みあっている。政府による抑圧からの自由という消極的自由と、平等な政治参加という積極的自由の両方を法律が守っているのだ。これはアメリカ公民権運動の時代も同じだった。また民主的な政治参加によって、司法制度の悪用を防ぐこともできる。十七世紀のイングランド内戦では議会派が法廷の独立を守るために結集し、二〇一七年のポーランドでも与党が法制度を脅《おびや》かすと市民社会がそれを守ろうとした。

一方で現実世界の自由民主主義国は、その土台にある自由と平等の理念を完全に実現することはできない。権利はしばしば侵害される。法律は豊かで力を持つ者と貧しくて力のない者に平等に適用されはしない。国民は政治参加の機会を与えられているのに、それを行使しないことも多い。さらに言うならば、自由と平等というふたつの目的のあいだには、本質的に矛盾がある。自由が大きくなれば不平等が広がることが多く、結果の平等を確保しようとすると自由が狭められる。民主主義を成功させるには、このふたつの理想を最大化するのではなく、両者のあいだでバランスをとることが求められる。個人の自由と政治的平等とのあいだで、また合法的な権力を行使する有力な国家とそれに制約を課す法律や説明責任の諸制度とのあいだで、バランスをとることが必要なのである。民主主義国の多くは、これだけでなくさまざまな政策を通じて、はるかにたくさんのことに取り組む。経済成長の促進、環境保全、消費者の安全確保、科学や技術への支援などだ。しかし、民主主義国であるための最低条件は、政治的選択の能力を持つ平等な大人として、国民を効果的に承認することにある。

他方で独裁政権は、国民の平等な尊厳を承認できない。中国やイランなどのように、憲法に国民のさまざまな権利を書き連ね、美辞麗句で飾りたてて尊厳を認めているふりをするかもしれないが、現実はそのとおりではない国もある。リー・クアンユーのシンガポールや鄧小平《とうしょうへい》の中国など、比較的穏健《おんけん》な独裁政権のもとでは、国は国民に対して温情《おんじょう》主義的(パターナリスティック)な態度をとっていた。一般市民は、国家という賢明な親に保護される必要のある子どもとみなされ、自分のことを自分でできると信頼されることはない。スターリンやヒトラーなどの最悪の独裁政権のもとでは、クラーク(富農《ふのう》)、ブルジョア階級、ユダヤ人、障がい者、非アーリア人ら、多くの人が人間以下のくずとみなされ、集団の利益のために切り捨てられるべきだと考えられていた。

フランス革命以降の民主化運動の核には、国家に基本的な尊厳を認めさせたいという欲求があった。国家がすべての国民に平等な政治的権利を保障することが、ヘーゲルの考える主人と奴隷の関係(そこでは主人だけが承認を受ける)の矛盾を解消する唯一の方法だったのである。これによって公民権運動の時代にアメリカ人が抗議へと駆《か》り立てられ、アパルトヘイトに反対して南アフリカ人が立ち上がり、モハメド・ブアジジが焼身自殺し、ビルマ(現ミャンマー)のヤンゴン、マイダン、タハリール広場、過去数百年の数々の衝突において、抗議者たちが命を危険にさらしてきたのだ。

第 6 章

表現的
個人主義

EXPRESSIVE
INDIVIDUALISM

「尊厳」の正確な定義とは？

フランス革命は、のちに世界中に広がるふたつの異なる「アイデンティティの政治」（当時はこの言葉は使われていなかったが）を解き放った。ひとつが個人の尊厳の承認を求めるものであり、もうひとつが集団の尊厳の承認を求めるものである。

第一の個人レベルの承認は、すべての人間は生まれながらにして自由であり、自由を求める欲求を平等に持つという前提から始まる。政治制度は、共同の社会生活と衝突しない範囲で、この生まれながらの自由をできるだけ保護するようにつくられている。自由民主主義国は、個人の自律（autonomy）を平等に保護するという考えを道徳の核に置いているのである。

ではこの自律とは何か。すでに見たように、マルティン・ルターはキリスト教の伝統にのっとって、人間は神から自由を授かっており、そのために尊厳を与えられていて自然界のほかの存在よりも上位にいるのだと考える。*しかしその自由は、信仰を持つ能力と神の法に従う能力に限られている。カントはこの伝統の延長線上で、世俗化された自律の概念を提示した。その中心にあるのが、人間には理性の抽象的なルールに基づいて道徳的選択をする力があるという考えである。カントの考えでは、人間が尊厳を持つのは次の理由からだ。すなわち、すべての人間はほかの原因によって動かされるのではなく原因そのものであり、真の自由意志を行使できて、物理法則に支配されるようにほかに縛られることはないからである。しかし定言命法《ていげんめいほう》（categorical imperative＝絶対命令）などのカントのルールは、人間個人が選択できるものではない。哲学的な推論から導き出され、すべての人間に無条件に適用されるものである。

ようするにこの伝統では、人間の尊厳は宗教的に、あるいは世俗的な理性によって、適切な道徳的選択をできる人間個人の力を中心に考えられている。

尊厳が人間の道徳的選択に根ざすという考えは、ドイツ、イタリア、アイルランド、日本、イスラエル、南アフリカなど数多くの国の民主主義憲法に組み込まれ、政治的に認められている。たとえば、一九四九年のドイツ連邦共和国基本法（第一条第一項）にはこうある。「人間の尊厳は不可侵《ふかしん》である。これを尊重し保護することは、すべての国家権力の義務である」。同様に南アフリカ共和国憲法（第一〇項）では、「だれもが生まれながらに尊厳を持ち、尊厳を尊重され保護される権利を有する」とされており、南アフリカ憲法裁判所も「尊厳を持つ権利を認めることは、人間の本質的な価値を認めることである」と述べている。

これらの憲法は、どれも人間の尊厳が何かを正確に定義してはいない。また西洋の政治家で、その理論的基礎を説明できる人はほとんどいないだろう。憲法が人間の尊厳に言及するように

＊　厳密にはルターは、信仰は神から与えられるもの、つまり神の恵みの結果であり、個人がただ望んで得られるものではないと考えていた。カルヴァン派はこの考えをさらに推し進め、人は救済されるか否かあらかじめ決まっていると考えた。つまり、個人は自分の意志で結果に影響を及ぼすことはできないというわけである。ただ、どちらの考えでも、信仰は内なる自己にかかわるものであるとみなされており、人は神の法に従うことを強いられていて、その神の法の中身について人間が選択することはできないとされている。

なった出発点はどこにあるのか、それを理解するには、使われている言葉の語源を見て、どのような歴史的経緯を経てこれらの言葉が憲法に盛り込まれたのかを検討する必要がある。ドイツの場合も南アフリカの場合も、尊厳の概念がカントに由来することは明らかだ。ドイツ基本法で使われている「不可侵」という言葉は、この基本権がほかのすべての権利より上位に置かれていることを意味し、定言命法を思い起こさせる。南アフリカで「本質的な価値」という言葉が使われているのも同じだ。(1) 尊厳を持つ権利がキリスト教に由来していることは、一九三七年のアイルランド憲法を皮切りに、主にキリスト教民主主義の政党が尊厳を憲法で守るよう要求してきたことからわかる。とはいえ、これらの憲法はどれもはっきりとキリスト教に言及したり、政治的権利と信仰を結びつけたりはしていない。(2)

ホッブズとロックから始まり、ジョン・スチュアート・ミル〔訳注：イギリスの政治哲学者、一八〇六〜七三〕ら十九世紀の思想家を経てこれまで継承されてきた英米自由主義の伝統では、自律についての見解はそこまで形而上学的《けいじじょうがく》ではない。この伝統では、自律は自由意志を中心に理解されているわけではなく、ただ外部からの制約なしに自分の欲求や好きなことを追求できる力と考えられている（ホッブズにとって人間は、欲求によって駆《か》り立てられる機械のようなものである。意志はただ「熟慮における最後の欲求」、すなわち個人の最も強い欲求に過ぎない）。そのため、キリスト教的、カント的な含意《がんい》のある「尊厳」という言葉はアメリカ合衆国憲法には登場せず、『ザ・フェデラリスト』など建国時の文書にも見られない。(3) しかし、人間は生まれながらにして自由であり、その意味で根本的に平等だとするホッブズ的な考えが政治的権利の基礎となり、社会契約の土台となった。人は生まれながらにして生存権を持つというホッブズの考えは、アメリカ独立宣言にも「生命、自由、幸福の追求」の権利として組み込まれている。このように、前提とする自律の性質はやや異なっても、個人の権利を平等に保護する同様の体制につながっているわけだ。

このように自由主義政治の伝統は、国民に平等な権利を与えることで、個人の自律についてのひとつの見解を制度化した。しかしルソーの自律は、〝単なる〟政治参加よりも深く豊かなものを意味していた。ルソーは、自分の感情の「充満」が社会のせいで抑えられていると感じていた。すなわち、このように感じるルソーの意識は、社会によって深く疎外《そがい》され、自由を求めて格闘する不幸な意識だったのである。チャールズ・テイラーはこう説明する。

これこそが、〔近代から〕現代へと伝わった力強い道徳的理想にほかなりません。この理想は自分自身とのある種の触れ合いに、自分の内なる自然との触れ合いに、またとない道徳的な重要性を与えます。この理想からすれば、内なる自然との触れ合いは喪失《そうしつ》の危機に瀕《ひん》しています。〔自己の〕外部のものに順応するよう強いられることもその原因のひとつですが、それだけでなく、自分自身に対して道具的な姿勢をとるために、おのれの内なる声に耳を傾ける能力を失ってしまったかもしれないからです。(4)

これはルターから始まった道徳の再評価の一部である。旧来のキリスト教的理解では、内なる自己は原罪の場だった。われわれのなかには邪悪《じゃあく》な欲望が満ちており、そのせいでわれわれは神の法に反して行動するので、普遍的教会が定めた社会ルールによって外からこの欲望を抑える必要があると考えられていたのである。ルソーもルターのあとに続くが、ルターの考えを反転させる。内なる自己は善であるか、少なくとも善になる可能性があり、悪いのは周囲の道徳ルールだというのである。とはいえ、ルソーにとって自由は、道徳ルールを受け入れるただの道徳的選択ではない。自由とは、ほんものの内なる自己を構成する感情や情動を完全に表現することを意味するようになったのである。

ライオネル・トリリング［訳注：批評家、一九〇五～七五］が『〈誠実〉と〈ほんもの〉』で見事に説明しているように、ルソー後のヨーロッパ文学では、ディドロ『ラモーの甥《おい》』やゲーテ『若きウェルテルの悩み』に端《たん》を発するジャンルが台頭し、そこでは社会に居場所を見いだせず、自分の創造的な才能をありのままに表現しようと模索する芸術家が称揚《しょうよう》される。フィンセント・ファン・ゴッホ［訳注：オランダのポスト印象派の画家、一八五三～九〇］やフランツ・カフカ［訳注：チェコ出身の作家、一八八三～一九二四］など、生前は評価されなかった人物が、彼らの個性の深みを正しく認められなかった鈍感な俗物社会を象徴的に示す存在となった。

このように文学的感性が変化したのは、ヨーロッパでさらに深く根源《こんげん》的な次元で起こった、道徳についてのコンセンサスの崩壊を反映してのことだった。かつてヨーロッパで道徳の地平を定義していた教会が、民主主義以前の旧政治体制と結びついているとしてヴォルテール［訳注：フランスの哲学者、一六九四～一七七八］ら啓蒙《けいもう》思想家に攻撃されるようになったのである。それに、キリスト教が想定する真実そのものも疑われるようになっていた。たとえば、十九世紀はじめの自由主義的な神学者ダーフィト・シュトラウス〔訳注：ドイツ、一八〇八～七四〕は、『イエスの生涯』で、キリストは文字どおり神の息子として理解されるべきではなく、単なる歴史上の人物とみなされるべきだと論じる。(5) この思潮は、十九世紀終わりにフリードリヒ・ニーチェ〔訳注：ドイツの哲学者、一八四四～一九〇〇〕の思想で頂点に達した。ニーチェは、キリスト教の神はかつて存在し、ヨーロッパ社会にはっきりと道徳の地平を設定していたと認める。しかしその後、信仰の崩壊にともなって神は死に、道徳の空白ができて、そこにほかの価値が入り込めるようになった。従来の道徳主義者とは異なり、ニーチェはこれを歓迎する。なぜならば、人間の自律の幅を大きく広げるからだ。そこでは人間は、ルターやカントが言うようにただ道徳律を受け入れる自由を持つだけでなく、みずから法をつくる自由を持つのである。ニーチェの考えでは、芸術表現の至高形態は価値の創造そのものだ。最も自律的な人間が、ニーチェが登場させた人物ツァラトゥストラであり、彼はキリスト教の神の死後、あらゆる価値を再定義する。

「表現的個人主義」の開花にともなう問題

現代の自由主義社会は、共通の宗教的地平が消え去ったあとの道徳の混乱を引き継いでいる。憲法は個人の尊厳と権利を保護しており、その尊厳は道徳的選択の能力を中心に理解されているようだ。では、この選択にはどれほどの幅があるのか。社会によって確立された一連の道徳ルールを受け入れたり拒《こば》んだりする選択に限られているのだろうか。それとも真の自律には、自分たちでルールをつくる力も含まれるのか。かつて広く共有されていたキリスト教信仰が二十世紀の西洋社会で衰退するなか、ほかの文化からさまざまなルールや価値が流入して従来のものに取って代わったり、そもそも何も信じないという選択肢が生まれたりした。市場経済が広がって社会全体の流動性が高まるにつれて、道徳以外の領域では個人の選択肢が拡大し、人々は職業、結婚相手、住まい、歯みがき粉の銘柄を自分で選べるようになった。理屈で考えれば、道徳的価値についても何らかの選択肢があってしかるべきだと思われる。二十世紀終わりには、ほとんどの現代民主主義国で個人の自律が大幅に広く理解されるようになり、「表現的個人主義」と呼ばれるものが開花した。ニーチェの『善悪の彼岸』から、一九九二年の「家族計画連盟対ケイシー事件」判決における連邦最高裁判所判事アントニー・ケネディの主張までは、はっきりと一本の線で結ばれている。ケネディ判事は、自由は「存在、意味、宇宙、人間の生の不思議について自分の考えを持つ権利」だと論じていた(6)。

ただ、自律をこのように広く理解してしまうことには問題がある。社会生活を可能にするには、共有された価値観が重要な機能を果たすからだ。最低限の共通の文化について合意がなければ、協力して共通の課題に取り組むことはできず、同じ制度に正統性を見いだすこともできない。それどころか、互いに理解可能な共通言語なしには、そもそもコミュニケーションすら成立しない。

個人の自律を広く捉えるこの解釈には、また別の問題もある。われわれは、あらゆる価値を再定義しようとするニーチェのような超人ばかりではないという問題だ。人間はきわめて社会的な動物であり、周囲の規範に合わせようとする感情を持つ。安定した共通の道徳的地平がなくなり、競合する価値体系が不協和音を生むようになったとき、選択の自由ができてうれしいと喜ぶ人はあまりいない。むしろ強い不安と疎外《そがい》感を覚える人がほとんどである。ほんとうの自分が何者なのか、わからなくなるからだ。このアイデンティティの危機が、人々を表現的個人主義とは反対の方向へ向かわせ、ふたたび個人を社会集団に束ねて明確な道徳の地平を回復させる共同のアイデンティティを模索させる。この心理状態がナショナリズムの土台となる。

無限の深さがある自分だけの個性を持つ人など、ほとんどいない。ほんものの内なる自己と思っているものは、実はほかの人たちとの関係によってつくられており、ほかの人から提供される規範や要求によって形成されている。バルセロナに暮らすある人が、突然自分がスペイン人ではなくカタルーニャ人だと気づくのは、ただ表面に近いアイデンティティよりも深いところにある社会的アイデンティティを掘り起こしたのに過ぎない。

十九世紀はじめに承認と尊厳の政治は分岐点に達した。ひとつの道は、個人の権利をあまねく承認し、個人の自律をますます国民に提供しようとする自由主義社会へつながる道である。もうひとつの道は集合的アイデンティティの主張へと向かい、その現れがナショナリズムと政治化された宗教である。十九世紀終わりのヨーロッパでは、個人があまねく承認されることを求める自由主義と民主主義の運動が台頭するとともに、排他的なナショナリズムが不気味に姿を現し、それがやがて二十世紀前半の世界大戦を引き起こした。現在のイスラム世界では、集合的アイデンティティはイスラム主義のかたちをとっている。つまり、政治的共同体の土台としてのイスラム教の特別な地位を認めるよう要求しているのである。

個人の権利をあまねく承認する道と、国民単位での集合的な承認へ向かう道、このふたつの重なりあいは、ジャン゠ジャック・ルソーの著作にもはっきりと見られた。ルソーは著作のさまざまなところで、平和で孤独な夢想者と、果敢《かかん》な一般意志のいずれをも称賛《しょうさん》している。このふたつはフランス革命の初期にも見られ、そこではふたつの旗印《はたじるし》が掲げられていた。国境にこだわらずに人間の権利を押し広めるという普遍的な旗印と、外国人による侵略からフランス人の祖国《パトリ》を守ろうとするフランス的な旗印である。ナポレオンが革命を乗っ取ったあと、彼は両方のゴールを同時に追い求め、軍事力を用いて自由主義的なナポレオン法典を広めるとともに、征服したヨーロッパの各地にフランスの宗主権を押しつけていった。

この二重の性格は、アラブの春とウクライナの尊厳の革命にも見られた。モハメド・ブアジジに同情するアラブ人は中東全体に何百万もいただろうが、その全員が宗教と関係なく全市民の平等な権利を承認する社会で暮らしたいと思っていたわけではない。チュニジアのザイン・アル゠アービディーン・ベン・アリー政権やエジプトのホスニー・ムバーラク政権などは、ある意味、機会平等の独裁政権であり、西洋指向の自由主義者だけでなくイスラム主義者をも抑圧する世俗主義の政権だった。そのあとを継いだ自由主義政権の支持者は、宗教に基づいたナショナル・アイデンティティを求めるイスラム主義者と対立する。二〇一二年にイスラム主義のムスリム同胞団が民主的選挙で政権を握ると、今度は自分たちの独裁政権をつくろうとして、翌二〇一三年六月の軍によるクーデターにつながった。エジプトの多くの自由主義者が、エジプトがイスラム主義の共和国になるのを防ごうとこれを支持した。

同様に、尊厳の革命「ユーロマイダン」の土台となったのも、ウクライナがEUに加盟して普通のヨーロッパ国家になることを望む、西洋指向の自由主義者の連合だった。ただ、彼らはウクライナ独自の文化的アイデンティティの保護を求める「右派セクター」などのナショナリストたちと手を組み、リベラルで開かれたウクライナをつくることにはさほど関心を示していなかった。

過去一〇〇年のあいだに、個人主義的な尊厳と自律の理解がどのように自由主義諸国で発達したのかは、第十章と第十一章でふたたび考察する。さしあたりは、ふたつの形態の集合的アイデンティティをより詳しく検討したい。ナショナリズムに基づいたものと宗教に基づいたものである。

ナショナリズムとイスラム主義——政治的イスラム——は、同じコインの両面と考えてよい。いずれも公《おおやけ》の承認を求める目に見えない、あるいは抑圧された集団アイデンティティの現れなのである。それに、どちらの現象も同じような状況から生じた。経済の近代化と急速な社会変化によってかつての共同体が崩壊し、それに代わってほかのさまざまな人の結びつきのあり方が乱立するようになった状況である。

第 7 章

ナショナリズムと宗教

NATIONALISM
AND RELIGION

軽視されてきた集団が求める尊厳

ルター、ルソー、カント、ヘーゲルは尊厳をそれぞれ異なるふうに理解していた。しかし彼らはみな普遍主義者である。人間には内面の自由があるという考えに基づいて、すべての人間が平等に尊厳を持つと考えていたからだ。しかし承認の要求はもっと特殊なかたちをとることも多い。そこで問題となるのは、社会の周縁に追いやられたり軽視されたりしてきた特定の集団の尊厳である。多くの人にとって、承認されるべき内なる自己は、人間一般の内なる自己ではなく、特定の場所出身で特定の慣習に従う特定の人の内なる自己である。こうした特殊なアイデンティティは、国民単位で形成されることもあれば、宗教に基づいていることもある。それぞれのアイデンティティが、各集団の尊厳の承認を求め、これがナショナリズムやイスラム主義と呼ばれる政治運動に転化する。

すべての人があまねく持つ個人の自由から、特定の国民や文化の性格に根ざした集合的自由へと承認をめぐる闘争の焦点を移行させるのに決定的な役割を果たしたのが、ヨハン・ゴットフリート・ヘルダー、十八世紀終わりの思想家であり、カントの教え子で同時代人である。ヘルダーは現代ヨーロッパにおける民族主義の父として攻撃され、民族《フォルク》を称賛《しょうさん》する著述家として、時を隔てたアドルフ・ヒトラーのさきがけとみなされることも多い。

しかし、彼の著作は英語圏では十分に読まれ研究されておらず、この見解はきわめて不当と言わざるをえない。ヘルダーは人間の平等性についてのカントの啓蒙《けいもう》思想を共有しているが、知られざる外国を訪れて地域の慣習を観察・記録したヨーロッパ人の紀行文学を広く読んでいた。『人間史論』でヘルダーは、人類はひとつだと明言し、世界の人種のあいだに序列をつくろうとするほかの著者を批判する。そして、奴隷にされるアフリカ人の苦しみを強調し、文化は女性の扱い方によって評価することができるとも論じている。さらには、現代の遺伝学が発見されるはるか前に、生物学的特性と環境の複雑な相互作用によって行動が形づくられることを驚くほど緻《ち》密《みつ》に理解してもいた。(1)

それでもヘルダーは、人間の各共同体は独特であり、周囲の共同体とは異なるのだと論じる。そして、気候や地理が各民族にきわめて大きな影響を与え、それぞれの民族が土地の環境に適応するそのやり方のなかに、その民族独自の「精神」が示されていると言う。アフリカは人類史に何の関係もないと一蹴《いっしゅう》するヘーゲルとは異なり、ヘルダーはヨーロッパ以外の文化にも好意的な見解を持っていた。いまの文化人類学者と同じで、ほかの民族を評価しようとするのではなく描写しようとしていたのである。また、ヨーロッパが地球の植民地化に本格的に乗り出すはるか前に、ヘルダーはある警告を発していた。現在の政治家も肝《きも》に銘じておくべき警告かもしれない。「人間が独裁的な権力を用いて、外国のある地域をたちまちもうひとつのヨーロッパに変えられるなどということは、想像しないようにしよう(2)」

ヘルダーと近代のナショナリズムは、明確につながっている。ヘルダーの著作は、世界の各民族が持つ独自の慣習や伝統を重んじるよう促した。ルソーと同じでヘルダーも、あとの時代に生きる人がそれより前の「原始的な」人よりも必ずしも優れていて幸福であるわけではないと考えていた。ヘルダーは、社会がわれわれに偽《いつわ》りの役割を押しつけることがあるというルソーの見解に同意する。この点において彼は、ヘーゲルとはかなり立場が異なるといえる。ヘルダーの次の世代に属するヘーゲルは、歴史は普遍的であり進歩すると論じるからだ。(3)

ヘルダーは、ほんものの文化という考えを、彼の時代のドイツに当てはめる。当時、ドイツは無数の小さな公国・侯国に分かれており、その多くがフランス、ヴェルサイユの宮廷のきらびやかさと文化をまねようとしていた。ヘルダーは、ドイツ人は二流のフランス人を目指すのではなく、自分たちの文化に誇りを持つべきだと論じる。ヘルダーが求めるのは、「人間の権利」というときの「人間」のような抽象的な存在が承認されることではなく、自分たちの具体的な民族が承認されることであり、その延長線上で彼はほかのすべての共同体が承認されることも求めた。

フランス革命から一九一四年の第一次世界大戦勃発《ぼっぱつ》までの「長い十九世紀」では、尊厳のふたつのバージョンと、アイデンティティへのふたつのアプローチが、互いに競合していた。ひとつめは、人間（当時は必ずしも女性は含まれていなかった）の権利があまねく承認されることを求める。もうひとつは、他者から抑圧されたり隷属《れいぞく》状態に置かれたりした特定の民族の承認を求める。このふたつのバージョンの尊厳、つまり普遍的なものと民族ベースのものは、数十年にわたって互いに競い合った。たとえば一八四八年革命は、自由主義的な権利と民族の自己主張の名のもとに闘われた。二十世紀はじめには、自由主義バージョンの尊厳に、また別の普遍主義的な教義が加わった。すなわちマルクス主義的社会主義である。これはプロレタリアートの権利のために闘うことになる。ふたつの世界大戦では、自由主義と社会主義はいずれもナショナリズムと対戦した。一九四五年にファシズムが敗れたのち、このふたつの普遍主義的教義が、冷戦中に世界政治の中心をなす二つの極となった。しかしナショナリズムが完全に否定されたわけではなく、それを牽制《けんせい》するEUのような制度ができたにもかかわらず、二十一世紀にふたたび新しい勢力として台頭している。

ナショナリズムの台頭を理解するにあたっては、思想も大切だが、経済と社会に重要な変化が生じ、それが十九世紀ヨーロッパのナショナリズムの素地《そじ》を整えたこともおさえておく必要がある。中世の旧ヨーロッパ秩序は、社会階級によって階層化されており、ヨーロッパの人々は封建主義のもと無数の小さな管轄区域に分けられて、決められた場所に閉じ込められていた。

それとは対照的に、近代の市場経済には労働力、資本、アイデアの自由な移動が求められる。それらがふんだんにある場所から、高い利益を得られる場所へ移動できるようになっていなければならないからだ。自由主義社会が提供する普遍的な承認は、とりわけ資本主義の発展にとって好都合だった。国家の介入なく個人が商売をする自由を守り、私有財産を持つ権利を確保したからである。したがって、自由主義が経済成長の道具となったのは驚くべきことではないし、当時最も自由主義的だったふたつの国、イギリスとアメリカが十九世紀と二十世紀はじめに産業化を牽引《けんいん》したのも不思議ではない。

しかし近代の市場経済は、ナショナリズムや国単位のアイデンティティのようなものも必要とする。ナショナリズムは、政治の境界線が文化の共同体と一致すべきとする考えであり、そこで文化を定義するのはおおむね共通言語である。前近代のヨーロッパを見ると、フランスではさまざまな言語がモザイクを織りなしていて、パリのフランス語に加えてブルトン語、ピカルディ語、フラマン語、プロヴァンス語などが話されていた。ヨーロッパのほかの場所では、小作農は地主や地元の荘園領主とは異なる言葉を話すことが多かった。また十九世紀までは、ハプスブルク帝国の宮廷内で話されていたのはラテン語だった。中欧と東欧の小規模な共同体では、ドイツ語がポーランド語、モラヴィア語、ウクライナ語、ハンガリー語など数多くの言語と混ざりあっていた。こうした状況すべてが、産業化へと向かう社会の労働市場に求められる流動性を阻《はば》んでいた。社会人類学者アーネスト・ゲルナー〔訳注：一九二五〜九五〕が説明するように、「高性能のテクノロジーと持続的成長の期待とに基礎をおく社会が現われる。持続的成長に必要となるのは流動的分業と見知らぬ者の間での持続的で頻繁《ひんぱん》かつ精密なコミュニケーションとの両方である」。このためには、統一された国の言語と、国の文化を振興するために国家が支える教育制度が必要となる。「個人の雇用能力、尊厳、安寧、自尊心といった事柄は（中略）彼らの教育次第となる。（中略）近代人の忠誠心は、彼が何と言おうと、君主や祖国あるいは信仰ではなく、文化に向けられる」(4)

都市労働を選んだ小作農ハンスにみる、アイデンティティの混乱

しかしナショナリズムは、産業化によって生じた深刻な不安からも生まれた。たとえば、ザク

センの小村で育った若き小作農ハンスの状況を考えてみよう。この小さな村で過ごすハンスの人生はすべて決まりきっている。両親と祖父母と同じ家に住み、親が認める少女と婚約し、地元の聖職者によって洗礼を受け、父と同じ土地の区画で仕事を続ける。ハンスは、「自分はいったい何者なのか」と問うことなど思いもつかない。すでに周囲の人たちが答えを出しているからだ。しかし、急速に産業化するルール地方に大きなチャンスがあると聞き、デュッセルドルフへ出て鋼鉄工場で仕事を得る。

ハンスは寮で暮らし、ドイツ北西部のあらゆる場所から同じようにやってきた何百人もの若い男と生活をともにする。みんなが話す方言はさまざまだ。なかには、オランダ人やフランス人もいる。ハンスはもはや親や地元の聖職者の言いなりではなく、自分の村の人たちとは違う宗教を持つ人々とも出会う。まだ許婚《いいなずけ》と結婚する気ではいるが、新しく出会った周囲の女性たちにも心を惹《ひ》かれ、個人生活の刺激的な自由を謳歌《おうか》する。

それと同時に、ハンスは戸惑いも覚える。地元の村では、自分のことを知り、病気や不作のときに助けてくれる友人や親類に囲まれていた。しかし、新しくできた友人や知りあいはどれだけ頼りになるのかわからず、新たな雇い主である大企業が自分のことを考えてくれているのかもわからない。勤め先の工場で共産主義者の活動家たちが労働組合をつくろうとしているとは聞くが、悪い評判を耳にし、彼らを信じることもできずにいる。新聞では紛糾《ふんきゅう》する議会について相反する話が無数に報じられ、何を信じたらいいのかわからない。政党はみんな利己的で互いに言い争い、自分を代表してくれる気などないのではないかと思う。ハンスの暮らす地方は巨大な「ライヒ（帝国）」の一部となり、彼はそれを誇りに思うが、このライヒはどのような未来に向かうのかよくわからない。ハンスは孤独を覚え、周囲と結びついていないように感じる。故郷の村を懐《なつ》かしむが、そこに戻りたいとは思わない。彼にとってそれは敗北を意味するからだ。人生で初めて自分の生き方を選択できるようになったのに、自分がほんとうのところ何者かわからず、何になりたいのかもわからない。故郷の村では問題にならなかったアイデンティティが、ここでは中心的な問題となる。

ハンスの物語が特徴的に示すのは、十九世紀の社会理論家フェルディナント・テンニースが「ゲマインシャフト」から「ゲゼルシャフト」への移行、つまり（村落）共同体から（都市）社会への移り変わりとして論じたものである。十九世紀のヨーロッパでは何百万もの人がこれを経験し、現在、中国やヴェトナムなどの急速に産業化しつつある社会でも同じことが起こっている。ゲマインシャフトからゲゼルシャフトへの移行によって生じた心理的混乱が、ナショナリズムのイデオロギーの土台となった。その根底にあったのが強い懐古《かいこ》心、つまり多元的な近代社会の分断と混乱が見られなかった過去の堅固な共同体を想像し懐かしむ気持ちである。一九三〇年代にアドルフ・ヒトラーが台頭するはるか前から、ドイツの著述家たちはゲマインシャフトの喪失《そうしつ》を悲しみ、腐敗したと彼らがみなすコスモポリタンな自由主義社会を嘆いていた。

歴史家フリッツ・スターン［訳注：ドイツ生まれの歴史家、一九二六〜二〇一六］が、こうしたドイツ人アイデンティティのイデオロギーを形づくった初期の論者たちを分析している。たとえば、きわめて大きな影響力を持った論客で聖書学者のパウル・ド・ラガルド［訳注：ドイツの政治思想家で反ユダヤ主義者、一八二七～九一〕などだ。ラガルドが暮らしたのは、ビスマルクのもと新たに統一された十九世紀末のドイツである。そこでは奇跡的な経済成長、産業化、軍事力・政治力の急激な拡大が見られた。しかしラガルドは無数の論文やパンフレット（一八八六年の著作集『ドイツ書』にまとめられている）で、周囲の状況をただ文化的衰退として捉えている。合理性と科学に基づいた自由主義のせいで、ドイツの精神が利己主義へと堕落《だらく》したと言うのである。かつてのドイツは徳のある強力な共同体だったのであり、それを取り戻さなければならない。ラガルドはキリスト教と「ドイツ人の国民性」を融合させた新しい宗教を心に思い描き、それが新しいナショナル・アイデンティティの土台になると考えた。そして「国が、〔民族が〕ただひとつの意志を持てば、あらゆる葛藤《かっとう》は消えてなくなる」と論じる。学会では見捨てられたような存在であり、七十人訳聖書解釈の研究では自分で思うほどの名声を獲得することができなかったので、ドイツ人とひとつになることが彼自身の孤独を癒やし、学者として獲得できなかった尊厳を獲得する道になったのである。(5)

ラガルドは、ユリウス・ラングベーンやアルトゥール・メラー・ファン・デン・ブルックら十九世紀ドイツのナショナリストたちと同様に、ドイツ人は外部からの力の犠牲になったのだと考えており、ドイツ文化の衰退について陰謀《いんぼう》説をとっていた。自由主義的な近代の担い手であるユダヤ人が、新しい近代ドイツの文化生活に割って入り、民主主義と社会主義という普遍主義的観念を持ち込んでドイツ人の統一性を蝕《むしば》んできたとラガルドは論じる。そして、ドイツ人の偉大さを回復するには、彼が思い描く新秩序からユダヤ人を追放しなければならないと考えていた。

アイデンティティがナショナリズムに結びつく瞬間

フリードリヒ・ニーチェ、エルンスト・トレルチ〔訳注：プロテスタント神学者、一八六五〜一九二三〕、トーマス・マン〔訳注：小説家、一八七五〜一九五五〕ら知識人はラガルドを好意的に読み、彼の著作はナチスによって広く配布された。(6) ラガルドの言葉は、農村社会での生活から近代の都市的な産業社会へ移行する人々の不安な心に響いたのである。ヨーロッパで何百万もの人たちがこの変化を経験し、それによってアイデンティティの問題が前景化した。これが、個人的なものが政治的なものになった瞬間である。ハンスのような混乱した小作農に、ラガルドたち思想家が提示した答えはシンプルだった——みんな誇り高きドイツ人で、古くから続く文化の継承者であり、共通の言語によって中東欧の各地に散らばる数多くのほかのドイツ人たちと結びついているという答えである。孤独で混乱したハンスのような労働者は、これによってはっきりと尊厳を持つようになり、いつの間にか自分たちの社会に侵入してきた悪者たちによってこの尊厳がないがしろにされていると感じるようになった。

共通の文化と言語に基づいた新形態のアイデンティティは、新たな情熱を解き放った。これらの新しい文化集団は、文化ではなく王家の結びつきに基づいて形成されたオーストリア＝ハンガリー帝国などの古い土地区分のなかで暮らしていたからである。各地に散在するドイツ人をひとつの「ライヒ」のもとに統合することが、その後三世代にわたって、ビスマルクからヒトラーまでの指導者が取り組む政治的プロジェクトとなった。セルビア人、ポーランド人、ハンガリー人、ロシア人らほかの民族も、民族ナショナリズムに基づいた国家建設・統合を求め、これが二十世紀前半にヨーロッパをふたつの壊滅的な世界大戦へと導いたのである。

アイデンティティは、当時の植民地世界にとっても重要な問題となった。ヨーロッパ列強に支配されていたアジア、アフリカ、ラテンアメリカの各地は、全体として見ればヨーロッパほど産業化が進んでいたわけではない。これらの地域は、ときに「発展なき近代化」と呼ばれるものを経験していた――つまり持続的な経済成長をともなわない都市化と急速な社会変化である。新しくできた首都には、宗主国に協力して領土を治める少数の現地人エリートがいた。このエリートたちはヨーロッパで教育を受け、宗主国の言葉を話す。しかしこの新たに獲得したアイデンティティと自分が育った地元の伝統とのあいだで、内面に強い葛藤を覚える。ヨーロッパでナショナリズムが広がるのにつれて植民地にもそれが根づき、二十世紀なかばにはインド、ヴェトナム、ケニア、アルジェリアなどで民族解放の名のもと反乱が起こった。植民地世界でのナショナリズムは、文化に革命を起こそうとする知識人の動きにもつながる。エメ・セゼール、レオン・ダマ、レオポール・サンゴールといった黒人作家が「ネグリチュード」という概念を生み出し、黒人が自分たちの人種と伝統に誇りを持つよう促して、植民地体制下での黒人蔑視《べっし》を覆《くつがえ》そうとした。

ナショナリズムの重要な理論家アーネスト・ゲルナー〔訳注：歴史学者、社会人類学者、パリ生まれのユダヤ人、一九二五～九五〕は、現代のイスラム主義も同じく近代化とアイデンティティの視点から理解すべきだという。ナショナリズムとイスラム主義の根は、いずれも近代化にある。ゲマインシャフトからゲゼルシャフトへの移行は現在の中東でも起こっており、小作農や遊牧民（ベドウィン）が田舎から出てカイロ、アンマン、アルジェといった都市に向かった。あるいは何百万人ものイスラム教徒が、よりよい生活を求めてヨーロッパやその他の西洋諸国へ移住し、マルセイユ、ロッテルダム、ブラッドフォードなどの都市に腰を落ち着けて、なじみのない文化と向きあうことで近代化を経験した。そのほかにも、アルジャジーラやCNNインターナショナルといったテレビ局の衛星放送を通じて村に近代世界がやってくることもあった。限られた選択肢しかない旧来の村に暮らしていた人たちが突然、非常に異なる生活様式を持つ多元的な世界に向きあうことになったのである。そこでは自分たちの従来の規範は尊重されない。

アイデンティティの問題は、西ヨーロッパの移民コミュニティで育った第二世代のイスラム教徒にとりわけ深刻に見られる。彼らが暮らすのは、キリスト教をルーツにするおおむね世俗的な国であり、イスラム教の価値や習慣を政府が支えることはない。彼らの親は、スーフィズム（イスラム神秘主義）など局地的なイスラム教を信仰する閉ざされた村の出身であることも多い。移民の子の多くがそうであるように、彼らは家族の古い暮らしかたから距離をとろうとする。しかし、新しいヨーロッパの環境にたやすく適応できるわけでもない。若者、なかでもイスラム教徒の若者の失業率は30パーセントを超えており、多くのヨーロッパ諸国では、いまでも民族と支配的な文化コミュニティは結びついていると考えられている。この問題については、のちに論じたい。

近代化が進むこのような状況のもとでは、アイデンティティをめぐる混乱は深刻化する。新たに都市化が進んだ十九世紀ヨーロッパと同じ状況である。現在のイスラム教徒のなかには、この混乱への解決策を国への帰属に求めるのではなく、大きな宗教集団であるイスラム共同体「ウンマ」への帰属に見いだす者もいて、それを代表するのがエジプトのムスリム同胞団、トルコの公正発展党、チュニジアのアンナハダといった政党だ。典型的なナショナリストと同様に、現在のイスラム主義者も問題の見立てと、それへのはっきりとした解決策を提示する——きみたちは誇り高く歴史ある共同体の一員なのに、外の世界はきみたちをイスラム教徒として尊重していない。われわれはきみたちを真の兄弟姉妹と結びつける手段を提供し、そこできみたちは世界中に広がる偉大な信者コミュニティの一員となるのだ、というわけだ。

このアイデンティティへの誇りを念頭に置けば、イスラム世界で過去一世代のあいだに起こった文化の変化を理解できるかもしれない。長いあいだ、教育を受けた中東の人たちのなかでは、西洋の習慣や服装を取り入れるのが人気だったが、いまはエジプト、トルコ、ヨルダンなど中東諸国の若い女性の多くが、ヒジャーブ（ヘッドスカーフ）を身につけるようになった。なかには顔全体を覆《おお》うニカーブなど、さらに厳格な女性用の服装をする人もいる。これらの女性の多くは実際に敬虔《けいけん》な信者だが、とくに信心《しんじん》深いわけではない人も多い。ヒジャーブを身につけるのはアイデンティティの印《しるし》としてであり、自分たちの文化に誇りを持ち、公《おおやけ》の場でイスラム教徒であると認識されるのを恐れないという意思表示なのである。

先にあげたような主流のイスラム主義政党は、民主主義政治にすすんで参加し、選挙で勝利して政権を握った。これらの政党は民主主義にコミットしていると公言するが、対抗する世俗的な政党は、イスラム主義政党が長期的に何を目指しているのかと、おおいに疑いのまなざしを向けている。同じことは、十九世紀や現在のナショナリストにも当てはまる。民主主義のルールにのっとって活動することも多いが、団結とコミュニティを強く望むために、不寛容な傾向を抱えているかもしれないのである。

ナショナリズムの場合と同じように、政治化された宗教もその極端なものを、オサマ・ビンラディンやISISの創始者アブバクル・バグダディらのイデオローグが提供した。彼らが語る物語は、アメリカ、イスラエル、シリアのアサド政権、イランによる迫害にきわめて大きな重点を置く。また彼らは、暴力と直接行動へのコミットメントを共有することでひとつにまとまった、さらに緊密な共同体が必要だと主張するのである。

イスラム移民第二世代の深刻なアイデンティティ問題

フランスの中東研究者オリヴィエ・ロワが指摘するように、二〇一五年パリのバタクラン劇場襲撃事件の犯人ら、近年のテロリストの背景は似かよっている。多くが第二世代のヨーロッパ在住イスラム教徒で、親のイスラム教を否定する者たちだ（フランスにおける新世代のジハーディスト［聖戦主義者］のおよそ25パーセントはイスラム教への改宗者だが、彼らもイスラム教徒として生まれたジハーディストたちと似たような遍歴を持つ）[7]。若いときには、見た目は西洋化されていて、アルコールを飲みマリファナを吸って、女の子とデートし、スポーツを観戦しながら、周囲にうまく溶け込んでいるように見える。しかし多くが安定した職を見つけられず、軽犯罪を犯すようになって警察のやっかいになる。自分たちのコミュニティの隅《すみ》で暮らし、たいして信仰心もなく宗教への関心も持たずにいたのが、やがて過激派の指導者（イマーム）のビデオを見たり、刑務所の説教師によって改宗させられたりして、突然「生まれ変わる」。ひげを長く伸ばしＡＫ－47を携《たずさ》えてシリアに現れたり、同じヨーロッパの人たちに凶行を働いたりすると、家族はこの変化に必ず「驚いていて何が起こったのかわからない」と言う。ロワはこれをイスラム教の過激化ではなく、過激派のイスラム化と表現する。つまりこのプロセスは、パウル・ド・ラガルドらナショナリストやレフ・トロツキー［訳注：ロシアの革命家、一八七九～一九四〇］ら共産主義者など、旧世代の急進論者を突き動かしたのと同じ疎外感《そがい》から生じたということだ(8)。

ロワの解説からわかるのは、ジハーディストによるテロの動機は宗教的というよりも個人的・心理的であり、個人が直面する深刻なアイデンティティ問題を反映しているということである。とくに第二世代のヨーロッパ在住イスラム教徒は、ふたつの文化のあいだで板挟《いたばさ》みになっている。自分たちが拒絶する親の文化と、自分たちを完全には受け入れてくれない移住先の国の文化である。それらとは対照的に、急進派のイスラム教はコミュニティ、受容、尊厳を与えてくれる。世界に十億人を超えるイスラム教徒がいることを考えると、テロリストや自爆テロ犯になるイスラム教徒の数は取るに足りないとロワは論じる。貧困や生活苦、あるいはアメリカ外交政策への単純な怒りが、必然的に人を過激主義へ導くわけではない。多くのテロリストはもとは快適な中流階級の家庭を背景にもち、政治にも国際政治にもずっと関心を持っていなかった。彼らを強く駆《か》り立てたのは、政治問題でもいかなる信仰心でもなく、明確なアイデンティティ、意味、誇りの必要性だったのである。彼らは自分の内面にこれまで知らなかった自己があり、外の世界がそれを抑圧しようとしていると気づいたわけだ。(9)

宗教的側面を軽視するオリヴィエ・ロワの現代ジハーディズム解釈は、厳しい批判にさらされてきた。なかでも同じフランス人研究者のジル・ケペルは、暴力と過激主義への転回は宗教の教義と切り離して理解することはできず、とりわけサウジアラビアから広がった超保守派のサラフィー主義が重要な役割を果したと論じる。ケペルは、ロワや多くのフランス左派がジハーディズムの問題は特定の宗教とほとんど関係ないかのごとく振る舞うことで、イスラム教の責任を免除してしまっていると非難するのである。またほかの論者たちは、ロワの説明に当てはまらないテロリストが数多くいると指摘している。(10)

ロワとケペルの論争は、きわめて重要な問題をめぐって交わされている。二十一世紀はじめのイスラム急進主義の台頭は、アイデンティティの問題として理解されるべきか、あるいは根本的には宗教的現象なのか、という問題である。つまり、これは現代社会の副産物である近代化とグローバリゼーションによってもたらされた混乱の副産物なのだろうか？　あるいは、特定の宗教に見られる時代を超えた特徴を示しており、観念それ自体に人間の行動を動機づける独立した役割があるということなのか？　この問いに答えることが、地に足をつけて問題に取り組む方法を見つけるためには欠かせない。

ただ、このふたつの解釈は相容《あいい》れないわけではなく、互いに補完しあうのではないか。世界のイスラム教徒の圧倒的多数は過激派ではないと指摘する点で、オリヴィエ・ロワは正しい。つまり過激主義を説明するには、個人個人の物語や社会環境に軸足を置かなければならない。他方で、不満を募《つの》らせた若いヨーロッパ在住イスラム教徒が、無政府組合主義（アナルコ・サンディカリズム）や共産主義に向かうのではなく、特定のイスラム教を支持するジハーディストになっていると論じるケペルも正しい。それに前世代の過激化した若者は、自爆テロをしようとはしなかった。特定の観念が、若者を自爆テロへと向かわせているのである。

ヨーロッパのナショナリズムを牽引したのも、社会変化とイデオロギーというふたつの力だった。急速な近代化によって生じたアイデンティティの混乱が、ドイツやその他のヨーロッパ諸国でナショナリズムの土台を整えた。しかし、アドルフ・ヒトラーと国家社会主義ドイツ労働者党（ナチス）に代表される、とりわけ毒々しく極端なナショナリズムが台頭したのは、ただこれだけのせいではない。フランス、イギリス、アメリカなど、ほかの国でも同じような社会変化があった。これらの国も誘惑に駆られはしたかもしれないが、最終的にはこの種の過激なナショナリズムに屈することはなかった。ヒトラーのようなきわめて有能な政治的興行師《こうぎょうし》・イデオローグがいて、それと同時に一九二〇年代と三〇年代にドイツが経済の大混乱を経験したことで、初めてナチスの台頭が可能となったのである。

同様に現在の中東では、多くのイスラム教徒がアイデンティティの混乱を感じ、「自分は何者なのか」という問いへの答えを求めて宗教へ向かっている。これはヒジャーブを身につけて職場へ行ったり、ビーチでブルキニを着たりというような無害なかたちをとることもあるが、なかには政治行動やテロという、より暴力的かつ危険なかたちで現れる場合もある。二十一世紀はじめに生まれた極端なイスラムのアイデンティティは、二十世紀はじめのナショナリズムよりも国際平和と相性がいいわけではない。

このようにナショナリズムとイスラム主義は、いずれも「アイデンティティの政治」の一種だといえる。もちろん、どちらの現象もきわめて複雑で特殊であり、このようにまとめてしまうのは無理があるかもしれない。とはいえ、両者のあいだには重要な類似点がたくさんある。ナショナリズムとイスラム主義はいずれも、旧来の孤立した農村社会から広く多様な世界と結びついた近代社会へ移行するときに、世界の舞台に登場した。いずれも、なぜ人々が孤独と混乱を感じるのか、その理由を説明するイデオロギーを提供し、個人が不幸な状況に置かれているのは外部の集団のせいだと喧伝《けんでん》する。そして、いずれも限定されたかたちで尊厳の承認を求める——すべての人間の尊厳ではなく、特定の国や宗教集団のメンバーの尊厳が承認されることを要求するのである。

第 8 章

宛先違い

THE WRONG ADDRESS

台頭するナショナリズムと宗教的政治家

二〇一〇年代の著《いちじる》しい特徴は、「アイデンティティの政治」のふたつの顔であるナショナリストと宗教的政党・政治家が、活発な新勢力として世界政治を形づくっていることにある。二十世紀の政治では階級に基づいた左派政党が中心的な役割を果たしていた。

ナショナリズムは初め産業化と近代化によって引き起こされたが、いまなお世界から消え去っていない。何世代ものあいだ産業が発達した状態にある国でも同じだ。選挙で選ばれ、それゆえ民主的な正統性を持つと主張する数多くの新しいポピュリストとナショナリストのリーダーが、「国民」のために国の主権と伝統を強調してきた。ロシアのプーチン、トルコのエルドアン、ハンガリーのオルバーン、ポーランドのカチンスキ、そしてアメリカのドナルド・J・トランプといったリーダーたちである。トランプが選挙キャンペーンで掲げたスローガンは、「アメリカをふたたび偉大に」と「アメリカ第一」だった。イギリスのブレグジット運動にはまだこれといったリーダーはいないが［訳注：原書出版は二〇一八年九月］、ここでも動機は国の主権をふたたび主張することにあった。フランス、オランダ、北欧諸国でもポピュリスト政党が出番をうかがっている。ナショナリストの語り口を用いるのは、これらの国のリーダーにとどまらない。インドのナレンドラ・モディ首相や日本の安倍晋三《あべしんぞう》首相はナショナリスト運動と一体とみなされており、中国の習近平《しゅうきんぺい》国家主席も中国独自の性格を持つ社会主義を強調している。

それと同時に、宗教も政治現象として力を増してきた。これはアラブ・中東に最も顕著《けんちょ》に見られる。そこでは、ムスリム同胞団やさらに過激なＩＳＩＳなどのテロリスト組織によって、二〇一一年のアラブの春が頓挫《とんざ》させられた。ＩＳＩＳはシリアとイラクで軍事的にほぼ敗北したものの、イスラム主義の運動はバングラデシュ、タイ、フィリピンなどで拡大を続ける。インドネシアでは、ジャカルタ特別州知事として人気のあったキリスト教徒バスキ・チャハヤ・プルナマ（アホック）が、自信を強めつつあったイスラム主義集団からイスラム教を冒瀆《ぼうとく》したと攻撃され、知事への再選を僅差《きんさ》で逃したあと投獄された。ただ、政治化した宗教はイスラム教だけではない。モディ首相のインド人民党（ＢＪＰ）は、はっきりとヒンドゥー教を土台としてインドのナショナル・アイデンティティを理解している。また、戦闘的で政治的な仏教がスリランカやミャンマーなど南アジアと東南アジアの諸国に広がり、そこでイスラム教徒やヒンドゥー教徒の集団と衝突している。さらには、宗教集団は日本、ポーランド、アメリカなどの民主主義国で保守連合の一翼を担ってもいる。イスラエルでは、独立後三十年以上にわたって労働党とリクードが政治を支配していたが、シャスやアグダット・イスラエルなどの宗教政党がかつてないほど多くの票を集めつつある。

他方で階級に基づいた旧来の左派は、長期的に世界中で衰退の一途をたどっている。北朝鮮とキューバに一部残ってはいるものの、共産主義は一九八九年から九一年にかけて崩壊した。第二次世界大戦後、およそ六十年にわたって支配的勢力として西ヨーロッパの政治を形づくってきた社会民主主義も衰《おとろ》えを見せている。ドイツ社会民主党は、一九九八年には40パーセントの票を獲得していたが、二〇一六年の獲得票は20パーセントあまりに過ぎなかった。フランス社会党は、二〇一七年の選挙で壊滅状態に陥《おちい》った。全体的に見ると、一九九三年から二〇一七年までのあいだに中道左派政党は得票率をヨーロッパ北部で30パーセントから24パーセントへ、ヨーロッパ南部で36パーセントから21パーセントへ、中央ヨーロッパで25パーセントから18パーセントへと減らしている。いまだに大きな勢力ではあるが、時代の趨勢《すうせい》は明らかだ。(1)

一九九〇年代にヨーロッパ全体で左派政党は中道にシフトし、市場経済の論理を受け入れるようになって、多くが連立のパートナーである中道右派政党と区別されにくくなった。冷戦中の中東にはつねに共産主義者やその他の左派集団がいて、南イエメンでは自称「共産主義」政権が成立しさえした。しかしその後、左派の集団は完全に周縁に追いやられ、イスラム主義政党の後塵《こうじん》を拝することになる。左翼ポピュリズムが一九九〇年代と二〇〇〇年代に主にラテンアメリカで躍進し、ベネズエラのウゴ・チャベス、ブラジルのルイス・イナシオ・ルーラ・ダ・シルヴァ、アルゼンチンのキルチネル夫妻が政権を握ったが、ベネズエラはチャベスの後継者ニコラス・マドゥロのもとで自滅し、この波はすでに引いた。イギリスのジェレミー・コービンとアメリカのバーニー・サンダースを左派復権のさきがけとみなすこともできるかもしれないが、左派政党は世界のどこでも二十世紀後半のような支配的勢力とはいえない。

過去三十年のあいだに世界で格差が広がってきたことを考えると、左派政党が世界的に弱体化しているのは意外だ。世界で格差が広がっているというのは、国と国のあいだの格差のことではなく、国内での格差拡大のことである。東アジアだけでなくラテンアメリカやサハラ以南のアフリカでも経済成長が進んだことで、豊かな国と貧しい国の格差は縮まりつつある。しかし経済学者トマ・ピケティ(フランス)が示したように、各国内の格差は一九八〇年から世界中で大きく広がってきた。長く受け入れられてきた経済学者サイモン・クズネッツ[訳注:ロシア出身、一九〇一〜八五]の理論とは異なり、豊かな国の所得格差は縮小するのではなく拡大したのである。(2) 世界のほぼすべての地域で、新しい寡占《かせん》資本家が台頭した。一族の利害を守るために自分たちの富を政治的に利用する億万長者のことである。(3)

経済学者ブランコ・ミラノヴィッチは、よく引用される「エレファントカーブ」のグラフを提示する。国民一人当たりの所得の伸びを、世界の所得分布のさまざまな階層で相対的に示したグラフである。一九八八年から二〇〇八年にかけて、生産性の向上とグローバリゼーションによって世界はかなり豊かになったが、この恩恵は平等に分配されたわけではない。所得分布の20〜70パーセントのところにいる人たちは収入が大きく増え、95パーセント以上のところにいる人たちはさらに大きな利益を得た。しかし80パーセントの周辺にいる人たちは、所得が増えていないか、増えたとしてもほんのわずかである。この集団は、おおむね先進国の労働者階級と一致する。つまり高校卒業以下の教育水準の人たちである。彼らより下の人たちと比べるとはるかに恵まれた状態にとどまってはいるものの、トップ10パーセントの人たちと比べるとかなり見劣りする。つまり彼らの相対的な地位は急激に下がったことになる。

先進国のなかで格差が最も顕著に見られたのが、イギリスとアメリカである。一九八〇年代にマーガレット・サッチャーとロナルド・レーガンのもと、自由市場へと向かう革命「新自由主義

グローバルな所得水準で見た１人当たり実質所得の相対的な伸び

1988－2008年（4）

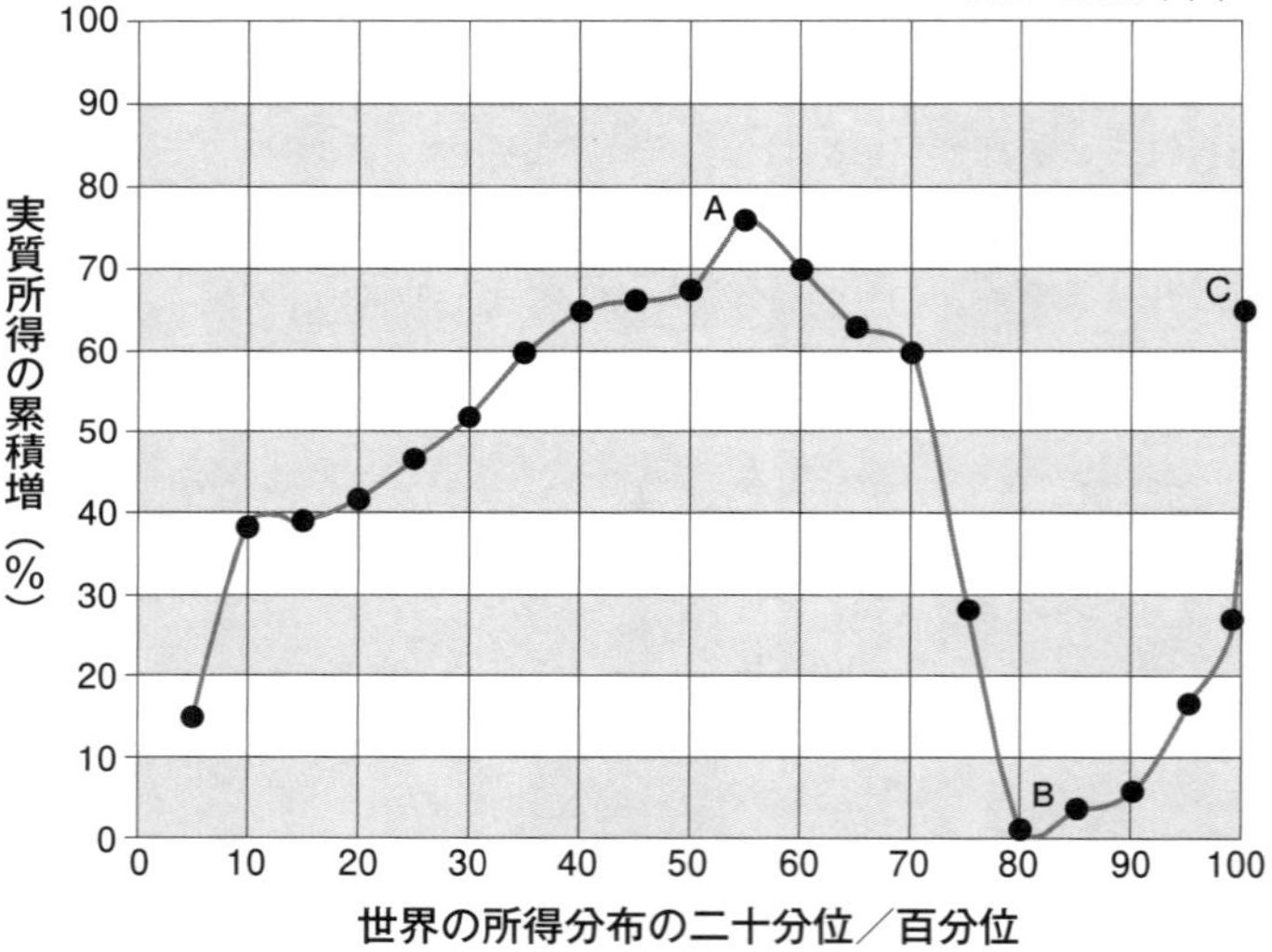

（ネオリベラリズム）」を牽引《けんいん》した二国だ。

アメリカでは、一九八〇年代と九〇年代の強力な経済成長の恩恵は平等に分配されず、高い教育を受けた人たちに圧倒的に集中した。中間層の核をなすと自認していたかつてのアメリカ労働者階級は、徐々に不利な状況へ追いやられる。国際通貨基金（ＩＭＦ）の調査によると、中間層が空洞化するなか、平均所得の50〜１５０パーセントの収入を得る人たちが人口に占める割合は、二〇〇〇年から二〇一四年のあいだに58パーセントから47パーセントに下がった。この変化によって、より高い所得層へ移行したのはわずか０・25パーセントであり、３・25パーセントもの人が下位の所得層へ移動した。[5] この格差は二〇〇八年の金融危機でさらに深刻化する。金融セクターの企《くわだ》てと政策選択が資産バブルを引き起こし、それがはじけて何百万もの一般アメリカ人と、世界中の無数の一般人が仕事と貯蓄を失った。

有権者は最左翼ではなく、ナショナリストの政治家を選んだ

このような状況のもとでは、格差の最も激しい国々でポピュリストの左翼がおおいに力を取り戻してもおかしくない。フランス革命以来、左派は自分たちを経済的平等の党派と位置づけ、国家権力を使って豊かな者から貧しい者へ富を再分配しようとしてきたからだ。しかし世界金融危機後には、反対に右翼のポピュリスト・ナショナリストが先進国の多くで勢力を伸ばした。これが最も顕著に見られたのが、アメリカとイギリスである。産業の空洞化によって、かつての労働者階級が破壊された国だ。アメリカでは、金融危機が左派の〈ウォール街を占拠せよ〉運動と右派のティーパーティ運動を生んだ。〈ウォール街を占拠せよ〉は行進とデモののち立ち消えになったが、ティーパーティは共和党と議会の大部分を影響下に収めた。二〇一六年の選挙では、有権者は最左翼のポピュリスト候補を支持することはなく、ナショナリストの政治家を選んだ。

左派が地球規模の格差拡大という機を捉えることができず、ナショナリストの右派がその座を奪ったことを、どのように説明すればいいのだろうか。実はこれは新しい現象ではない。左派政党は、本来であれば確固たる支持基盤であるはずの貧しい選挙区や労働者階級の選挙区で、一〇〇年以上にわたってナショナリストに敗北を喫してきた。ヨーロッパの労働者階級が一九一四年

に結集したのは、社会主義インターナショナルの旗印《はたじるし》のもとではなかった。第一次世界大戦が起こりつつあるなか、国家のもとに結集したのである。この失敗が長年にわたってマルクス主義者たちを困惑させてきた。アーネスト・ゲルナーが、彼らの考えをこうまとめている。

シーア派ムスリムの過激派が、大天使ガブリエルは間違いを犯して、アリーに届けられるはずの神のメッセージをムハンマドに届けてしまったと主張するように、マルクス主義者たちは、基本的に、歴史の精神あるいは人間の意識はひどいへまをやらかしたと考えがちである。目覚めよというメッセージは、階級に届けられるはずであったのに、ひどい郵便の誤配のために、民族に配達されてしまった。[6]

同様に現在の中東でも、階級に宛《あ》てられた手紙が宗教へ配達されてしまっている。この誤配が起こるのは、人間の行動において、経済的な動機とアイデンティティの問題が絡《から》みあっているからだ。貧しい状態にいることは、周囲のほかの人間の目に入らないということであり、目に見えない屈辱《くつじょく》のほうが、財産を持たないことよりもつらい場合が多いのである。

第 9 章

見えない人間

INVISIBLE MAN

幸福感は、地位と富の相対的価値がもたらす

経済学者は、人間は「選好」や「効用」と呼ばれるもの、すなわち物質的な資産や財産を求める気持ちに動かされると想定する。しかしテューモスのことは忘れている。テューモスは、他者からの承認を求める魂《たましい》の構成要素である。ほかと平等な尊厳を持つと認められることを求めるアイソサミアも、ほかより優れた存在として認められることを欲するメガロサミアも、経済学では考慮に入れられていない。しかし、物質的なニーズや欲求に駆《か》り立てられた経済的動機と通常考えられているものは、実は尊厳や地位の承認を求めるテューモスの欲求なのである。

たとえば、同一労働同一賃金の問題を考えてみよう。これは長年、女性の権利の運動で核に据《す》えられてきた考えである。過去五十年間で女性は労働力としての活躍の機会を大幅に増やしたが、幹部職や、より最近ではシリコンバレーのテクノロジー企業での上級職に女性が就《つ》くのを阻《はば》む、目に見えない「ガラスの天井」のことがしきりに話題になってきた。現代のフェミニズムで課題を設定するのは、消防士や海兵隊員の職に就きたい労働者階級の女性ではなく、社会階層のトップを目指す教育を受けた専門職の女性なのである。

こうした女性にとって、同一賃金を求めるほんとうの動機はどこにあるのだろうか。これは従来の意味での経済的な動機ではない。たとえば、法律事務所のパートナーや副代表に昇進した女性弁護士の給料が同じ立場の男性の給料よりも10パーセント低くても、その女性弁護士は経済的

に困窮《こんきゅう》状態にあるとはとてもいえない。国の所得分布のなかでは最上級に位置している可能性が高く、経済面で困ることはまずないはずだ。仮にその女性弁護士と男性弁護士がそれぞれいまの倍の給料をもらったとしても、問題はやはり残る。

このような状況で感じられる憤《いきどお》りは、財産ではなく公平さについての憤りである。給料の額が大切なのは、それで必要なものが買えるからというよりは、給料が尊厳の印《しるし》だからであり、給料が低いということは、能力や貢献度が同じか優れているにもかかわらず男性よりも価値が低いと言われていることになるからだ。つまり、給料の問題は承認の問題なのである。もしその女性弁護士が男性弁護士と同じ給料をもらっても、ただ女性だからという理由で望む肩書が得られないとしたら、同じく不当な扱いを受けたと感じるだろう。

近代政治経済学の祖アダム・スミス〔訳注：一七二三～九〇〕は、経済的な利害関心と承認の結びつきをよく理解していて、著書『道徳感情論』にもそれがうかがえる。十八世紀末のイギリスでさえ、貧しい人たちは生活必需品を確保できており、物質面での困窮はそこまでひどくなかったとスミスは言う。彼らが富を求めたのは、別の理由からだった。

共感、好意、是認《ぜにん》をもって他人から見られ、遇《ぐう》され、認められること――私たちがこの目的の追求から得ようとする利益は、これに尽きる。私たちを駆り立てるのは虚栄心であって、安寧《あんねい》や快楽ではないのである。ただその虚栄心は、自分は世間の注目と是認の対象であるという信念の上に成り立っている。金持ちが自分の富を自慢するのは、富のおかげで世間の関心が自《おの》ずと自分に集まると考えるからであり、また、この恵まれた境遇で自分が満喫している心地よい感情に、人間は同調しやすくできていると知っているからである。(中略)反対に、貧しい人は貧困を恥じる。貧乏のせいで世間から無視されていると感づいているし、仮に世間が自分の存在に気づいても、自分を苦しめているこの惨《みじ》めな困窮ぶりを思いやってくれることはまずないだろうともわかっている(1)。

金持ちは「自分の富を自慢する」。世界的な富豪たちに、どうして毎朝起きて仕事をするのかと尋《たず》ねるとする。何か必要なものが足りなくて、向こう数か月のうちに一〇〇万ドル稼《かせ》がなければそれを手に入れられない、というような答えは返ってこないはずだ。家もボートも飛行機も、数えきれないほど買うことができるのだから。彼らが求めるのはほかのことだ。たとえば、フランシス・ベーコンの世界最大絵画コレクションを手に入れること、ヨットレースのアメリカ杯で優勝艇《てい》の艇長を務めること、世界最大の慈善財団を設立することなどである。つまり絶対的な富のレベルを追求するのではなく、ほかの富豪と比べた相対的なステータスを求めるのである。

同様のことは、アメリカ、ドイツ、スウェーデンなどの豊かな国での貧困にも当てはまる。保守派が飽《あ》くことなく指摘するように、アメリカで貧困線以下の暮らしをする人たちは、驚くべきレベルの物質的な豊かさを享受《きょうじゅ》しており、サハラ以南のアフリカの貧しい人よりもはるかにいい暮らしをしている。テレビも車もエア・ジョーダンも持っている。栄養不足に苦しむことはなく、それどころかジャンクフードの食べ過ぎで肥満に悩まされている。

アメリカでももちろん、よい教育や医療へのアクセスがないといった物質的な困窮は見られる。しかし、貧困の痛みは、尊厳の喪失《そうしつ》として実感されることのほうが多い。スミスが言うように、貧困によって「世間から無視され」、そのせいでほかの人たちから思いやってもらえないのである。これは、ラルフ・エリスン〔訳注：一九一三〜九四〕の名作長篇小説『見えない人間』の基本的な論点でもあった。アメリカ南部からニューヨークのハーレムへ移り住んだ黒人青年の物語である。北部の人種差別が尊厳を傷つけるのは、アフリカ系アメリカ人が白人の目に見えないからだ。つまり、必ずしも不当な扱いを受けるわけではなく、ただ単に同じ人間だとみなされないのである。考えてみてほしい。あなたが次にホームレスの人にお金を渡すとき、目と目を合わせなかったら、物質面では手を差し伸べていても、あなたと共有する人間性をその人に認めなかったことになる。

収入と尊厳が結びついていることを考えると、オートメーションによる雇用喪失への解決策として提示されるベーシックインカムのような仕組みが、なぜ社会に平和をもたらさず人々を幸福にしないのかわかる。仕事に就いていることで得られるのは、財産だけではない。社会的に価値のある何かをしているという承認も社会から得られるのである。何もしないでお金をもらう人は、自尊心の土台を欠くことになる。

経済学者ロバート・フランクは富と地位の結びつきに触れ、地位はその絶対的価値ではなく相対的価値によって求められることが多いと指摘する。フランクはこれを「地位財《ちいざい》」と呼ぶ。高級電気自動車テスラが欲しいのは、地球温暖化を気にかけているからというよりは、それがトレンディで値が張り、お隣さんがまだＢＭＷに乗っているからだ。人間の幸福は、その人の絶対的な地位よりも相対的な地位とより強く結びついていることが多い。同じ調査でフランクは、所得の高い人は幸福度も高いと指摘する。これは所得の絶対的なレベルと関係していると思われるかもしれないが、実は絶対的な豊かさとは関係なく、同じような相対的地位にいる人たちは、同じような幸福度を示す。ナイジェリアとドイツのあいだには経済格差があるが、高所得層のナイジェリア人は高所得層のドイツ人と同じぐらい幸せだ。人は自分とほかの人を豊かさの絶対的な世界基準に照らして比べるわけではなく、社会的にかかわりを持つローカルな集団のなかで相対的に比較するのである。(2)

自然科学の分野で示される数多くの証拠からは、地位への欲求であるメガロサミアは人体の生物学的な仕組みに根ざしていることもうかがえる。集団の階層のなかで支配的な位置を占めたりボスの座についたりする霊長類は、神経伝達物質セロトニンの量が多いことが広く認められている。人間の場合、セロトニンは幸福感や高揚感と結びついているので、選択的セロトニン再取り込み阻害薬《そがいやく》（ＳＳＲＩ）、プロザックやゾロフトが鬱《うつ》や不安の治療によく使われる。(3)

さらに心理学では、現代政治の一部は資産よりも地位に、より深く関係していることが示唆《しさ》されている。実験行動経済学がはっきりと示したことのひとつに、人間は利益よりも損失に対してはるかに敏感だという事実がある。つまり、人は収入を一〇〇ドル増やすよりも、一〇〇ドル失うのを避けるためにはるかに大きな労力を割《さ》く傾向にあるのだ。(4) これをふまえると、サミュエル・ハンチントン［訳注：国際政治学者、一九二七～二〇〇八］が指摘する歴史現象を理解できるのではないだろうか。政治的に最も不安定な集団は、多くの場合、切羽《せっぱ》つまった貧困者ではなく、ほかの集団との関係で自分たちの地位を失いつつあると感じている中間層だという現象である。ハンチントンが引用するアレクシ・ド・トクヴィル［訳注：フランスの政治思想家、一八〇五～五九］によると、フランス革命を引き起こしたのは貧しい小作農ではなく、当時台頭しつつあった中間層であり、革命の十年前から急激に経済と政治における自分たちの先行きが暗くなったのがその理由だという。貧困者は日々生きていくのに必死で、政治的にはまとまりを欠きがちである。それとは対照的に中間層は政治活動に割く時間の余裕があり、教育を受けていて結集もしやすい。さらに重要なことに、彼らは自分たちの経済的地位を理由に、尊敬を受ける権利があると思っている。一生懸命働いて社会の役に立ち、家族を養い、税金を払って社会への義務を果たしている。経済のトップにいるわけではないとわかっているが、それでも貧乏ではなく、政府からの援助に依存して生活しているわけでもないとプライドを持っているのだ。* 中間層の人たちは、自分が社会の周縁部にいるとは思っていない。自分たちがナショナル・アイデンティティの核をなしていると感じているのが普通である。

＊ アメリカでは「中間層」という言葉をめぐって大きな混乱が見られる。裕福なエリートも、ヨーロッパでは労働者階級や貧困者に分類されるであろう人も、アメリカ人の圧倒的多数が自分は中間層だと思いたがるからだ。国の所得分布の第３五分位数か第４五分位数（上位から３／５か４／５）に位置する人たちが、政治的には中間層に一番よく当てはまるだろう。不況や地位の低下の影響を最も受けやすい人たちである。

中間層の地位が脅かされているという感覚

中間層としての地位の喪失という視点から、タイで見られる現代政治で最も憎悪《ぞうお》に満ちた対立を説明できるかもしれない。タイは「黄シャツ」と「赤シャツ」の激しい対立によって引き裂かれている。黄シャツは国王と軍隊を支持する上流階級であり、赤シャツはタクシン・チナワット率いるタイ愛国党の支持者である。この対立によって二〇一〇年にはバンコクの大部分が機能停止に陥《おちい》り、黄シャツの支持を受けた軍事クーデターにつながった。これは、タクシンと妹の元首相インラック（在任二〇一一～一四）が進めたタイ農村部への所得再配分政策をめぐるイデオロギー対立としても理解でき、また汚職をめぐる闘いとも考えられる。しかしフェデリコ・フェラーラは、この対立は承認をめぐる闘いとして理解すべきだと論じる。伝統的なタイ社会は、バンコクのエリートからの地理的距離と民族・言語的距離によってはかられる「タイらしさ」によって厳密に階層化されていた。数十年にわたる経済成長によって、タクシン支持者の多くが社会的に力をつけて自分たちの地方のアイデンティティを主張するようになり、それにバンコクのエリートが怒りを募《つの》らせたのである。政治に最も深く関与するようになったのは、多くのばあい中間層のタイ人であり、そのことからも、経済的対立のように思われたこの闘いが、テューモスに駆り立てられたゼロサムゲームになったことがわかるという。(5)

中間層の地位が脅《おびや》かされているという感覚を考えると、今度は二〇一〇年代に世界のさまざまな場所で台頭してきたポピュリスト・ナショナリズムを理解できそうだ。

アメリカでは、労働者階級（高校卒業以下として定義される）をめぐる状況は、過去三十年ほどのあいだあまり芳《かんば》しくない。これは前の章で述べたような収入の停滞や低下、失業だけでなく、社会の崩壊にも現れている。社会の崩壊は一九七〇年代にアフリカ系アメリカ人のあいだで始まった。第二次世界大戦後に北部のシカゴ、ニューヨーク、デトロイトといった都市に移住した人たちであり、そこで多くが精肉、鉄鋼、自動車産業で職を得た。これらのセクターが衰退し、産業の空洞化によって人々が失業するようになると、さまざまな社会的病弊《びょうへい》が生じる。犯罪率の上昇、クラックコカインの蔓延《まんえん》、家族生活の崩壊などで、それらが世代から世代へと貧困を伝えるのにひと役買った。[6]

過去十年で、この種の社会的衰退は白人労働者階級にも広がった。チャールズ・マレーとロバート・パットナムという、政治的に対極に位置するふたりの社会科学者もこれを論じている。[7]オピオイド鎮痛剤《ちんつうざい》の乱用が地方と労働者階級のコミュニティで蔓延し、二〇一六年には六〇〇〇人以上が薬物の過剰摂取で死亡した。これはアメリカで一年間に交通事故で死ぬ人の数よりも多い。その結果、白人男性の平均寿命は短くなった。先進国では驚くべきことだ。[8]ひとり親家庭で育つ子どもの数は大幅に増えており、白人労働者階級の子どもの場合、その割合は現在35・6パーセントに及んでいる。[9]

しかし、ドナルド・トランプをホワイトハウスに送り込んだアメリカの新しいナショナリズム（およびイギリスをＥＵ離脱へ向かわせたナショナリズム）を大きく駆り立てていたもののひとつはおそらく、自分たちが見えない人間だという認識である。ウィスコンシン州とルイジアナ州で、キャサリン・クレイマーとアーリー・ホックシールドがそれぞれ行った保守派有権者についての最近の研究では、いずれも同じような憤りの感情が浮かび上がった。共和党のウィスコンシン州知事（当時）のスコット・ウォーカーを支持した有権者の圧倒的多数は、地方に暮らす人だった。彼らは、州都マディソンや州外の大都市のエリートが自分たちのことを理解していない、あるいは自分たちの問題に注意を払っていないと感じていたからだ。クレイマーが話をしたある人が言うには、ワシントンDCは「独立した国です。（中略）ほかのアメリカ国民が何に関心を持っているか、まったくわかっていなくて、自分のおへそを調べるのに夢中なんです[10]」。同様に「ティーパーティ」運動に参加するルイジアナの有権者もこう語る。「リベラル派のコメンテーターは、わたしのような人間を見下している。われわれは〝N〟ではじまる言葉［ニガーなど、黒人を侮辱《ぶじょく》する言葉］を言っちゃいけないことになっている。言いたいとも思わないよ。自分を貶《おとし》めることになるからね。なのに、なぜリベラル派のコメンテーターは、〝R〟のつく言葉［レッドネック。貧しい白人に対する蔑称《べっしょう》］を平気で口にするんだ[11]？」

　中間層の地位を失うことを恐れる憤慨《ふんがい》した市民たちは、自分たちのことを見ないエリートを非難するが、取るに足りない存在なのに不当にも特別扱いされていると彼らがみなす貧困者のことも非難する。クレイマーによると、「ほかの市民に対する憤りが中心にある。自分たちが望ましくない状況に置かれているのは、自分たちよりも価値の劣る悪いやつらのせいだと思っていて、より大きな社会的、経済的、政治的力のせいだとは考えていない[12]」。ホックシールドはある比喩《ひゆ》を提示する。「アメリカンドリーム」と書かれたドアへ向かって、普通の人たちが長い列をつくって並んでいる。そこへアフリカ系アメリカ人、女性、移民が、自分たちを無視するエリートたちの助けを借りていきなり割り込んでくる。「あなたは、〝自国に暮らす異邦人〟なのだ。ほかの人たちが自分に対して持っているイメージには違和感がある。人に見られている、敬意を払われていると感じるには、相当な努力がいる。敬意を払われていると感じるには、前進しているという感じるには、前進しているとはなく、何か目に見えないものによって、あなたはどんどん列の後ろへ追いやられていく[13]」

──傍目《はため》にもそう見えると──感じられなければならない。しかし自分に落ち度があったからではなく、何か目に見えないものによって、あなたはどんどん列の後ろへ追いやられていく[13]」

経済的な苦しみは、物資の不足としてではなく、アイデンティティの喪失として感じられることが多い。一生懸命働けば尊厳が得られるべきなのに、その尊厳が認められない。それどころか尊厳は奪われて、ルールに従う気のないほかの人たちが不当に特別扱いされているというわけだ。このような収入とステータスの結びつきを考えると、なぜナショナリストや宗教の保守派団体が、経済的階級の問題に拠《よ》った従来の左翼団体よりも多くの人を惹《ひ》きつけるのかがわかる。ナショナリストは、経済的地位の相対的喪失を、アイデンティティとステータスの問題に翻訳することができるからである。「あなたはずっとわれわれの偉大な国の中心メンバーだったのに、外国人や移民、同国人のエリートがあなたの足を引っぱろうと共謀《きょうぼう》している。あなたの国はもはや、あなたの国ではなく、あなたは自分の国にいるのに尊重されない」というわけだ。宗教の熱狂的信者についても、ほぼ同じことがいえる。「あなたは偉大な信者コミュニティの一員だが、神を信じない者たちから愚弄《ぐろう》されてきた。この裏切り行為は、あなたを貧窮《ひんきゅう》させただけでなく、神に対する罪でもある。あなたはほかの人々の目には見えていないかもしれないが、神の目には見えている」

それゆえ、世界の多くの国で、移民がこれほどやっかいな問題になっているのである。移民は国の経済に役立つかもしれないし、役立たないかもしれない。貿易と同じで、全体的には利益をもたらすことが多くても、社会のすべての集団にプラスになるわけではない。しかしほぼ確実に、文化的アイデンティティへの脅威《きょうい》とみなされる。近年のように、国境を越えて移動する人の数がきわめて多いときには、とりわけそれが強く感じられる。経済的凋落《ちょうらく》を社会的地位の喪失と理解すると、なぜ移民が経済変化の代わりに議論の対象になるのかがわかる。

しかしこれだけでは、なぜ近年アメリカでもヨーロッパでも、ナショナリストの右派がかつて左派政党に投票していた有権者の心を摑《つか》んだのかはよくわからない。従来、左派政党は、技術変化とグローバリゼーションによる経済の混乱に対して、社会のセーフティネットを広く用意し、より実際的で説得力ある回答を示してきた。それに左派は過去には、搾取《さくしゅ》された共通の経験と豊かな資本家への共通の怒りを土台にした共通のアイデンティティに訴えることができた。「万国の労働者よ、団結せよ！」、「権力に反旗を翻《ひるがえ》せ！」といった具合だ。アメリカでは、労働者階級の有権者は一九三〇年代のニューディールからロナルド・レーガン台頭までのあいだ、圧倒的に民主党を支持しており、ヨーロッパの社会民主主義は、労働組合と労働者階級の団結を土台として成り立っていた。

現在の左派が抱える問題は、左派が擁護《ようご》するようになったアイデンティティの形態に見いだされる。労働者階級や経済的に搾取された人々など、大きな集団によって連帯を築くのではなく、個別の理由で社会の周縁に追いやられたきわめて小さな集団に焦点を絞るようになったのが問題なのである。これは現代自由主義のさらに大きな物語の一部であり、そこでは普遍的で平等な承認という考えが、特定の集団に限定された承認へとかたちを変えてきた。

第 10 章

尊厳の民主化

THE DEMOCRATIZATION OF DIGNITY

個人主義的なアイデンティティの理解

すでに見てきたように、尊厳についての理解は十九世紀にふたつの方向へ分かれた。現代民主主義国の政治的権利に体現されている自由主義的個人主義へ向かう理解と、民族や宗教によって定義される集合的アイデンティティへと向かう理解である。集合的なアイデンティティ理解のほうを先に見たので、今度は個人主義的な理解について考えたい。これは北アメリカとヨーロッパの現代自由民主主義国で見られるアイデンティティである。

これらの国では、政治システムによってさまざまな権利が徐々に広い範囲の人々に与えられ、尊厳が民主化されてきた。一七八八年に合衆国憲法が批准《ひじゅん》されたときには、完全な政治的権利を持つのは財産がある白人男性だけだったが、権利を持つ人の輪は徐々に拡大し、財産のない白人男性、アフリカ系アメリカ人、先住民、女性も含まれるようになった。この意味では、自由主義的個人主義は期待どおり少しずつ民主的になってきたといえる。しかしそのなかで自由主義的個人主義は集合的な方向へも進化し、このふたつの流れが驚くべきかたちでひとつにまとまることになったのである。

プラトンの『国家』では、尊厳の承認を求める欲求とテューモスは、すべての人間が持つのではなく、もっぱら守護者や戦士だけのものだった。共同体全体を守るために激しい戦闘にすすんで命をかけることから、承認されてしかるべきと考えられた人たちである。すでに見てきたように、尊厳はキリスト教の伝統のなかで普遍化された。人間はみな道徳的選択の能力を持つと考えられるようになったからだ。プロテスタント思想によると、この能力は個々の人間の内奥《ないおう》にある。すべての人間があまねく尊厳を持つという考えはその後、カントによって合理的な道徳法則というかたちで世俗化された。これにルソーがつけ加えたのが、内なる道徳的自己はただ二者択一の道徳的選択ができるだけでなく、周囲の社会に抑圧された感情と個人的経験を内面にふんだんに持つという考えであり、こうした感情を抑えるのではなく感じ取ることが道徳的に求められるようになった。こうして尊厳の問題は、ほんものの内なる存在を回復することと、社会を構成する各個人が持つ可能性を社会が承認することを中心に論じられるようになったのである。そして自由主義国は、個人の最低限の権利を守る政治秩序としてではなく、内なる自己を完全に実現できるよう積極的にあと押しする政治秩序として理解されるようになった。

キリスト教の伝統では、内なる自己は原罪の源《みなもと》であるのと同時に、罪を克服する道徳的選択の場でもある。信者個人が罪深い内なる欲望に抗《あらが》い、セックス、家族、隣人や支配者との関係などのさまざまな道徳的法則に従うことで、尊厳が生じるのである。しかし西洋諸国で共通の宗教によって築かれ共有されていた道徳的地平が崩壊するのにつれて、キリスト教の道徳法則に従う者だけに尊厳を与えることがむずかしくなった。宗教は偶像崇拝や虚偽《きょぎ》意識の一形態とみなされ、承認が与えられるべきは表現的な内なる自己だと考えられるようになったのである。その内なる自己は、ときに宗教的な規則から逸脱《いつだつ》しようとすることもある。

こうした考えを二十一世紀アメリカ文化のなかで展開させた例として、「自尊心と個人の社会的責任を促進するカリフォルニア特別委員会」の仕事をあげることができる。一九九〇年に報告書『自尊心の州へ』を出した同委員会は、州議会議員ジョン・ヴァスコンセロスのアイデアから生まれた。ヴァスコンセロスは、一九六〇年代からカリフォルニアの湾岸地域で盛んになった「ヒューマン・ポテンシャル運動」から影響を受けた人物である。(1) この運動の土台になったのが、欲求段階説で有名な心理学者アブラハム・マズロー［訳注：アメリカ、一九〇八〜七〇］の考えだった。欲求の階層のいちばん下には、飲み食いといった基本的な生理学的欲求がある。中間には安全や安心のような社会的ニーズがあり、いちばん上にマズローが「自己実現」と呼ぶものがある。マズローは、ほとんどの人が自分の持つ潜在能力の大部分を実現することができていないと論じる。自己実現には自尊心が決定的に重要だ。自尊心が低いと、自分の能力を発揮できないからである。現代のアイデンティティ概念と一体になっているのは、個人の自己実現のニーズのほうが社会全体からの要求よりも高い次元にあるという考えだ。(2)
カリフォルニア特別委員会は、自尊心を次のように定義している。

ひとりの人間として生きていることは本質的に重要であり、この重要性こそが、独立宣言の起草者たちがすべての人間は「創造主から一定の不可侵《ふかしん》な権利を与えられている」と宣言したときに述べていたことである。人間一人ひとりの人格に尊厳を認めるこの考えは、ずっと昔からわが国の道徳的、宗教的伝統の一部だった。一人ひとりの人間には、その人特有の意義があり、それはただ人間としてかけがえのない神秘的な生を受けたからだ。これは人間

生来《せいらい》の価値であり、いかなる反対者や出来事によっても奪われることはない。(3)

報告書はまた次のようにも述べる。「自分自身の価値と重要性を認めるにあたって、自分の能力の質や量をほかの人と比べる必要はない。すべての人の能力は有意義であり必要とされている。わたしたち一人ひとりが社会に貢献するものを持っている」。「ポイントは、受け入れられる人間や価値のある人間になることではなく、すでにある価値を認めることである。われわれの感情もこの一部で、それを受け入れることで自尊心が生まれる。(中略) われわれは自分の特別な人種、民族、文化を称賛《しょうさん》していい。自分の身体、ジェンダー、セクシュアリティを認めていい。自分の考え、感情、創造性を受け入れていい」(4)

ここに表現されているのは、究極的にはルソーにまでさかのぼる長い歴史を持つ思想である。一人ひとりの人間は、自分の奥深くに隠された内なる自己を持つ。それはその人固有のもので、創造性の源である。各個人の自己には、ほかの人の自己と同じ価値がある。自己は理性ではなく感情を通じて表現される。そしてこの内なる自己が、独立宣言などの政治文書で認められた人間の尊厳の基礎をなしている。ようするにこれは、ルソー後のアイデンティティ概念をはっきりと示したものにほかならない。

しかしこの報告書には大きな矛盾が見られ、その矛盾はアイソサミアとメガロサミアの根本的な緊張関係を反映している。報告書では、一人ひとりが創造的で有能な内なる自己を持つと主張されている。価値判断を押しつけるのを避けようと、報告書は自分をほかの人と比べるべきではなく、自分はほかの人の基準で判断されるべきではないと警告する。しかし報告書の作成者たちは、たちまち問題に直面する。われわれが祝福する内なる自己は、残酷《ざんこく》だったり、暴力的だったり、自己中心的だったり、不誠実だったりするかもしれない。あるいは単純に怠惰《たいだ》で浅はかかもしれない。自尊心があまねく認められる必要があると説いたあと、報告書はその自尊心には「社会的責任」と「他者への尊敬」も含まれていなければならないとして、犯罪が起こるのはそれを欠いているからだと論じる。そして、自尊心の中身として「性格の高潔さ」を重視する。そこに含まれるのは、「誠実さ、思いやり、規律正しさ、勤勉さ、威厳、忍耐力、献身、寛大さ、やさしさ、勇気、感謝の気持ち、気品」といった徳である。しかしだれもがこのような徳を持っているわけではないので、ある人はほかの人よりも尊敬を受けるに値することになる。強姦者《ごうかん》や殺人者を高潔な市民と同じように尊ぶことはありえないからだ。

自尊心は具体的な社会ルールに従う個人の力、つまり「徳」を持つ力に基づくというこの見解は、人間の尊厳についてのきわめて伝統的な理解である。しかしだれもが有徳なわけではないので、この理解は、すべての人の本質的価値を認めるべきという報告書の考えと衝突する。これはアイソサミアとメガロサミアのあいだに内在する緊張関係を示してもいる。メガロサミアは、野心的な人間のうぬぼれをただ反映しただけのものではなく、高潔な人間が当然の成り行きとして持つものでもある。なかには、ほかの人よりも価値が低いとみなされなければいけない者がいる。実際、ほかの人に対して悪いことをしたときに恥を感じられなければ、つまり自尊心を低めることができなければ、他者への責任を引き受けることはできない。それでも特別委員会の報告書では、箇条書きでふたつの相反することが続けて勧められている。州の教育制度は「教化ではなく解放に力を尽くす」のと同時に「責任感ある性格と価値観を促進する」べきだというのである。リベラル派の委員が包摂《ほうせつ》性を広げようとする一方で、強硬な保守派の委員はそれが社会秩序に与える影響に懸念を示し、今度はリベラル派が「自尊心を高めるには一方的な判断を押しつけてはいけない」と反論する、そんなやり取りが聞こえてきそうだ。

カリフォルニアの特別委員会報告書は当時、いたるところで笑いものにされ、数か月にわたって漫画『ドゥーンズベリー』で攻撃の的にもなった。尊重されるべきものが何かを定義することなく、また良いふるまいと悪いふるまいを区別できないまま、みんなの自尊心を高めようとするこの取り組みは、多くの人の目には不可能でばかげたものにすら映ったのである。しかしその後これは注目を集め、非営利団体、学校、大学など数多くの社会機関で目標とされるようになり、カリフォルニア州政府そのものの目標にもなった。「アイデンティティの政治」がアメリカやほかの自由民主主義諸国に深く根づいたのは、自尊心への関心が高まったからでもあり、これを牽《けん》引《いん》したのがいわゆる「セラピー的なものの勝利」だった。

宗教の衰退による「セラピー的なものの勝利」

「セラピー的なものの勝利（the triumph of the therapeutic）」は、社会学者フィリップ・リーフが一九六六年に出した本のタイトルである。この本でリーフは、宗教によって定められた道徳の地平が衰退したために巨大な空白ができ、その空白をサイコセラピー（心理療法）という新宗教を唱える心理学者が埋《う》めていると論じる。リーフによると、伝統文化とは「自己を外に向かわせる動機のデザインの別名である。共有された目的へと自己を向かわせ、ただそこにおいてのみ自己が実現され満たされるのだ」。こうして伝統文化は、セラピー的な役割を果たしていた。個人に目的を与え、ほかの人たちと結びつけて、宇宙のどこに位置するのかを示していたのである。しかし自己の外部にある文化は、内なる自己を閉じこめる檻《おり》だと非難されるようになった。人々は内なる自己を解放し、「ほんものの」自分でいて何かに「打ちこむ」ように言われるようになったが、その打ちこむべきものが何であるかは告げられない。牧師や神父があとに残した空白は、「操作可能な幸福感にしか関心のない」[5]セラピー技術を用いる精神分析者によって埋められつつある――。こうしたリーフのセラピー批判に端《たん》を発して、その後の一世代で現代のアイデンティティ・モデル自体に矛先《ほこさき》を向ける社会批評のジャンルが生まれた[6]。

最初のセラピー・モデルの中心にあったのが、隠されたアイデンティティを発見するという考えだった。ジークムント・フロイトは、彼が「ヒステリー」と呼ぶ症状を抱えたウィーンの女性たちを治療するなかで、独自の心理学的見地を得た。ヒステリーは自然な性衝動《せいしょうどう》を無意識のうちに強く抑圧している状態であり、これはフロイトが「超自我（superego）」とのちに呼ぶことになるもののせいで生じる。人間の内なる自己についてのフロイトの見解は、子ども時代の虐待《ぎゃくたい》の記憶から性的空想の投影《とうえい》へとやがて変化していったが、いずれの場合でもセラピーの基本は、患者の症状の原因となったものについての記憶を回復することにある。フロイトは、内なる自己と社会の要請との対立については道徳的に中立を貫《つらぬ》き、どちらも強力だと認める――どちらかといえば社会の側についていたかもしれないが。しかしフロイトは、ライオネル・トリリングが言う「仮面剝奪《はくだつ》の傾向（unmasking trend）」の一部に連なっていた。この傾向の土台にあったのが、「一切の人間的現象の見かけの下にはそれと辻褄《つじつま》が合わぬ現実が陰在しており、それを無理矢理にでも明るみに出すことによって知的実用的かつ（それに劣らず）道徳的便宜《べんぎ》が得られるはずだという」考えだった。[7] ヘルベルト・マルクーゼ［訳注：ドイツ出身の哲学者、一八九八〜一九七九］やその後の精神医学者らフロイトの衣鉢《いはつ》を継ぐ者たちの多くは、フロイトよりもはっきりと自分の立場を示し、抑圧的な社会から個人を解放する役割をみずからに見いだしていた。

内面のアイデンティティを肯定するには、結局のところルソーの考えが正しくなくてはいけない。つまり人間は根本的に善であり、人間の内なる自己が無限の可能性の源であって（ルソーはこれを「自己を改善する能力」と呼ぶ）、人間の幸福は人がつくった社会的拘束から自己を解放することにかかっているというルソーの考えが正しいと想定されていなければならないのである。まさにこれこそが、ヒューマン・ポテンシャル運動とカリフォルニア特別委員会の出発点にある想定だった。

しかし、もしルソーが間違っていて、従来の道徳家たちが信じていたように、内なる自己は反社会的で有害な衝動が宿る場所、悪が宿る場所なのだとしたらどうだろう。ヒューマン・ポテンシャル運動への参加者のなかには、フリードリヒ・ニーチェをその運動の先駆者のひとりとみなす者もいた。だがニーチェは個人の解放がもたらす結果を見越して、情け容赦《ようしゃ》なくそれについて語っていた――個人の解放は幸福で平等な社会をもたらすのではなく、強者が弱者を支配するポストキリスト教的道徳へとたちまち導かれていくというのである。アドルフ・ヒトラーのような人間がただ自分の目的を追求するようになり、無数の大学卒業者も絶えずそれを強いられることになる。

これはまさに、一九七〇年代にクリストファー・ラッシュ〔訳注：社会批評家、一九三二〜九四〕が批判していた点にほかならない。ラッシュの考えでは、自尊心を高めようとした結果、人間の可能性が広がったのではなく深刻なナルシシズムが登場した。それどころか、このナルシシズムがアメリカ社会全体を特徴づけるかのようにまでなったという。人々は解放されて自分の可能性を発揮できるようになったわけではなく、感情的に他者への依存状態に陥《おちい》ったというのだ。「ナルシシストは自分が全能だという幻想にとらわれているくせに、その実、自分の自尊心を確認するのにも他に頼らなければならない。ナルシシストは、かっさいをおくってくれる聞き手がなくては生きていけない」。これが、きわめて否定的な影響を社会に与えた。

セラピストが「意味」や「愛」の必要を説くときでさえ、その場合の「愛」や「意味」は患者の感情から生まれる欲求の満足のことをさしているのであり、ただそれだけの狭い意味あいしかもたないものなのだ。セラピストがその主題をもっと広い意味あいにまでひろげて、自己の外側にある他者や、なんらかの目的や伝統のほうを、自分の必要とするものや自分の関心事より先に考えなさい、というふうに話をもっていくことなど、まずありえない。

アメリカの文脈では、社会現象としてのナルシシズムはファシズムにはつながらず、社会の脱政治化をもたらすとラッシュは論じる。そこでは社会正義への闘争は、個人の心理的問題に還元される。[8] ラッシュがこの本を書いたのはドナルド・トランプが頭角を現すはるか前のことだが、トランプはラッシュが描くナルシシズムをほぼ完璧に体現する政治家だ。ナルシシズムがトランプを政治の世界へ導き、その政治は、公共の目的よりも、広くみんなから認められたいというトランプ自身の内面の欲求に動かされている。

リーフやラッシュのような道徳家は、セラピー社会の結末を正しく捉えていたのかもしれない。ただ、彼らが本を書いたときには精神医学のなかで新しい職業分野が登場しており、そこに属する人たちは自分のことを、自然現象を観察する単なる科学者とはみなしていなかった。彼らは、患者を治して機能を回復できるようにすることを仕事とする医師でもあったのである。自分に対して前向きになりたいという普通の人たちが、彼らのサービスに巨大な需要を生んだ。フロイト派の精神分析学は、アメリカでは二十世紀終わりの数十年間で長期的に衰退していったが、その根底にあったセラピー・モデルは引き続き広がってゆき、先進国の大衆文化には心理学用語が浸透しだした。たとえば、「自尊心」という言葉は一九八〇年のイギリスの新聞にはほぼまったく見られなかったが、自尊心の低さへの言及が徐々に増え、二〇〇〇年には三三〇〇件を超えるまでになった。心理カウンセリングも広がり、一九七〇年から九五年までのあいだに、精神医療の専門家の数は四倍になった。[9]

セラピーへと向かった宗教

セラピーが宗教の代わりになったのと同時に、宗教自体も徐々にセラピーへと向かっていく。これはアメリカでは、リベラル派の教会でも福音《ふくいん》派の教会でも同じだった。指導者たちは、自尊心を中心に据《す》えた心理カウンセリング・サービスのようなものを提供すれば、教会へ通う人が減りつつある傾向を逆転させられると気づいたのである。たとえば、有名なテレビ宣教師ロバート・シュラーは、『自尊心――新たな宗教改革』という本を書いている。(10) 週に一度の彼の番組『アワー・オブ・パワー』は数十年にわたって何百万人もの視聴者を獲得し、カリフォルニア州ガーデングローブにある彼の教会クリスタル・カテドラルはアメリカ最大級の規模を誇る。「教会成長運動」によって何千もの福音派教会を変えたリック・ウォレンも、同様のセラピー的なメッセージを発信する。彼のトレードマークである「人生を導く五つの目的」の運動では、牧師が無信仰者の「自覚されたニーズ」に耳を傾けることが大切だと強調し、従来のキリスト教教義にはあまり重きを置かずに、あからさまに心理学的な言葉を使うようになった。シュラーやカリフォルニア特別委員会と同じように、ウォレンは従来の宗教に見られる「罪」やその他、人を判断する側面はすべて軽視する。そして、福音書はあの世ではなくこの世で幸せな生活を送るための「取扱説明書」だと論じる。(11) ルターの言うキリスト教徒の尊厳を獲得するのはむずかしいが、「人生を導く五つの目的」はだれにでも実践できる。

アメリカなど、先進自由民主主義国の大衆文化で見られたセラピーへの転回は、必然的に政治にも反映され、国家の役割についての理解も変化させた。十九世紀の古典的自由主義では、国家の責任は、言論や集会の自由など基本権を守ること、法の支配を確保すること、警察、道路、教育など生活に不可欠な公共サービスを提供することと理解されていた。政府はさまざまな個人の権利を与えることで国民を「承認」していたが、国民一人ひとりが自分に前向きになれるようにする責任を国家が負っているとは考えられていなかった。

しかしセラピー・モデルのもとでは、個人の幸福はその人の自尊心にかかっており、自尊心は公的な承認の副産物であると考えられる。国民について語り国民を扱うそのやり方によって、政府は公的な承認をすぐに与えることができる。したがって、現代の自由主義諸国は自然と、またおそらく必然的に、国民一人ひとりの自尊心を高める責任も負うようになった。先に見たケネディ最高裁判事の意見では、自由とは政府からの自由だけを指すのではなく、「存在、意味、宇宙、人間の生の不思議について自分の考えを持つ権利」があることだとされていた。これは、そのままエサレン研究所の見解であってもおかしくない。

セラピーは社会政策に深く埋め込まれるようになり、これはカリフォルニアだけでなく、アメリカ全国やほかの自由民主主義国でも同じだった。州が心理カウンセリングをはじめとする精神保健サービスを提供し始め、学校は子どもの教育にセラピーの視点を取り入れるようになる。この動きはニューディール以降のアメリカ福祉国家の発展とともに段階的に広がった。二十世紀はじめには、非行や未成年者の妊娠は異常行為とみなされ、（多くの場合、刑事司法制度を通じて）罰せられる必要があると考えられていた。しかし二十世紀なかばにセラピーのアプローチが登場すると、そうした行動はだんだん社会的な病気だとみなされるようになり、カウンセリングや精神科の受診によって治療されるべきと考えられるようになる。一九五六年の社会保障法改正によって、さまざまなセラピーに連邦政府が給付金を出して家族生活と自立を支援できるようになった。この助成は一九六二年の法改正でさらに強化され、その後の十年でケースワーカーの数と取扱件数が激増する。そして一九七四年の改正によって、受給対象が貧困者から中間層にまで拡大された。(12)

セラピーにかかわる社会サービスがこのように急速に拡大したため、ニクソン政権〔訳注：一九六九～七四〕とレーガン政権〔訳注：一九八一～八九〕のもとで保守派の揺り戻しがあり、その広がりを食い止めようとする試みも見られた。しかしそのときにはすでに、何百万もの普通の人が生活上の問題にセラピー的な対応を求めるようになっており、かつて権威の源であった牧師、親、友人に頼ることを望まなくなっていた。セラピー国家はさまざまな組織にも広がり、たとえば一九九〇年代には、国が資金提供するセラピーにかかわる社会サービスの供給者として大規模な非営利セクターが台頭した。(13)

スタンフォード大学の「西洋文化論」論争

大学はこのセラピー革命の最前線に立たされる。たとえば、一九八七年に起こったスタンフォード大学の必修科目「西洋文化論」をめぐる論争を見ても、それがわかる。その年、公民権運動の指導者ジェシー・ジャクソン牧師が、スタンフォードの学生グループを率いて「〝西洋文化論〟を廃止しろ」と抗議の声をあげ、たちまち同大学が全国的な注目の的になった。既存の必修科目「西洋文化論」は十五ほどのテキストで構成されており、ヘブライ語聖書、ホメロス、アウグスティヌスから始まり、マキャベリやガリレオを経てマルクス、ダーウィン、フロイトにいたる内容だった。抗議した学生たちは、シラバスを拡大して非白人や女性の著者も含めるよう求めたのである。それらの著者が時代を超えた重要な本を書いたからというわけでは必ずしもなく、コースに含まれることでその書き手たちが属する文化の尊厳が高まり、それらの文化に属する学生たちの自尊心が高まるからだ。

カリキュラム変更を求める声の根底にセラピー的な動機があったことは、「西洋文化論」をめぐる当初の論争のなかでのスタンフォード黒人学生組合長、ビル・キングの発言からもわかる。

> 教授たちが（中略）単純に自分たちの正しいと思う伝統を守ろうとしているのはわかる。（中略）けれども、こうした思想に焦点を絞って、それをみんなに押しつけたら、ロックやヒュームやプラトンが語らないその他の人たちの精神をつぶしてしまう。新入生男女が視野を広げて、ヒュームとイムホテプ、マキャベリとアル・マグヒリ、ルソーとメアリ・ウルストンクラフトをどちらも受け入れられるようにするのを妨《さまた》げてしまう。（中略）この必読文献リストと時代遅れのギリシャ、ヨーロッパ、欧米哲学を中心に構成されたいまの西洋文化論

のプログラムは間違っているし、もっと悪いことに、目に見えないかたちで人の心と感情を傷つける。[14]

キングの発言が示唆《しさ》に富んでいるのは、カリキュラム変更を求める理由が完全に心理学的だという点にある。いまの必読文献は、マイノリティや女子の学生の「精神をつぶして」しまい、「目に見えないかたちで人の心と感情を傷つける」。文献リストの幅を広げることで、教育的に重要な、時代を超えた価値ある知識を伝えられるわけでは必ずしもない。社会の周縁に追いやられている学生の自尊心を高め、自分自身に前向きになれるようにするのが目的なのである。[15]

セラピー・モデルは、近代のアイデンティティ理解から直接生まれた。われわれには深い内なる空間があり、その潜在能力は発揮されていない。外の社会がルール、役割、要求を課していて、そのせいでわれわれの自己実現が阻《はば》まれている。この状況で求められるのは、個人がその内なる空間を模索することと、束縛《そくばく》的なルールからわれわれを解放するという革命的ともいえる課題に取り組むこと、この両方である。セラピストは、内なる自己の具体的な中身に特別興味があるわけではなく、周囲の社会が正しいか間違っているかという抽象的な問いにも関心はない。ただ患者を自分自身に対して前向きにさせることだけに関心を持っており、そのためには患者の自尊感情を高める必要があるのだ。

セラピー・モデルの台頭が産婆《さんば》役となり、先進民主主義諸国で現在の「アイデンティティの政治」が生まれた。「アイデンティティの政治」はどこでも、尊厳の承認をめぐる闘いにほかならない。自由民主主義国は、国民一人ひとりの個人としての尊厳を平等に認めるという前提の上に成り立っている。長年のあいだに、平等な承認の範囲は量・質ともに拡大し、権利を持つ国民として受け入れられる人の数が増えて、単に形式的な権利を認めるだけでなく、自尊心を認めることが必要だという理解が広がった。

こうして尊厳は民主化された。しかし、自由民主主義諸国での「アイデンティティの政治」は、国民や宗教など集合的で偏狭《へんきょう》な形態のアイデンティティとふたたび結びつくようになった。人は自分を個人としてではなく、ほかの人たちと同じ存在として認めてもらいたがることが多いからだ。

第 11 章

ひとつの
アイデンティティから
複数の
アイデンティティへ

FROM IDENTITY
TO IDENTITIES

集団単位のものの見方がもたらす心理的負荷
——差別、偏見、軽蔑

一九六〇年代、先進自由民主主義諸国では、一連の強力な社会運動が新たに現れた。アメリカでは市民権運動が盛り上がりを見せ、独立宣言で示され南北戦争後に憲法に盛り込まれた人種の平等を実現するよう国に要求した。そのすぐあとにはフェミニズム運動が続く。同様に女性が平等に扱われることを求める運動であり、労働市場への女性の大量流入によって生まれ、またそれをあと押しした。これと並行して起こった性の革命によって性と家族についての伝統的な規範が破壊されて、環境保護運動によって人類と自然のかかわり方が変化する。その後もさまざまな運動が登場した。障がい者、アメリカ先住民、移民、ゲイ、レズビアン、トランスジェンダーの人たちの権利を擁護《ようご》する運動である。

ヨーロッパでも、フランスの一九六八年五月の出来事〔訳注：五月革命。パリの学生運動からフランス全土に広がった、社会変革を求める大衆運動〕に続いて、同様の動きが急激に盛り上がりを見せた。かつてのフランス左翼は、筋金入りの共産主義者を核に形成されており、そのシンパにはジャン＝ポール・サルトルら有名知識人がいた。彼らがもっぱら焦点を当てていたのは、やはり労働者階級とマルクス主義革命である。しかし一九六八年の蜂起《ほうき》によって、これらはアメリカで取りざたされたのと同じ社会問題の多くに取って代わられた。マイノリティや移民の権利、女性の地位、環境保護主義といった問題である。つまりプロレタリア革命は、当時のヨーロッパが直面していた問題とはもはや関係がないと考えられるようになったのだ。フランス全土で見られた学生の抗議運動と広範囲に及ぶストライキは、ドイツ、オランダ、北欧、その他の場所にもこだまし、同様の動きを引き起こす。この左派の「一九六八年世代」は、もはや階級闘争だけにとらわれず、社会の周縁に追いやられたさまざまな集団の権利を擁護するようになったのである。

これらの社会運動が生じたのは、自由民主主義国が全国民の尊厳を平等に承認することを目標に掲げているからである。しかし実際には、民主主義諸国はこの目標どおりに行動できていない。法律でどう定められていようと、人々は個人の性格や能力ではなく集団の一員としてのイメージで評価されることが多い。

アメリカでは、恥ずべきことにこうした偏見が長年のあいだ正式な法律に反映されており、黒人の子どもと白人の子どもが同じ場で教育を受けるのが禁じられていたり、十分に理性的ではないという理由で女性に投票権が認められなかったりした。これらの法律は改正され、黒人と白人が別の学校で教育を受けることはなくなり、女性は参政権を持つようになったが、それでも社会全体としては集団単位でものを考えることが突如《とつじょ》としてなくなったわけではない。差別、偏見、軽蔑《けいべつ》、あるいはただ目に見えない存在であることから生じる心理的な重荷は、いまなお社会の意識に色濃く影を落としている。またこれがいまも残っているのは、各集団が自分たちの行動、成功、富、伝統、習慣をいまもほかから区別しているからでもある。

抑圧されてきた人々の自尊心

一九六〇年代に新しい社会運動が登場したのは、すでにアイデンティティの観点からものを考え、制度的にも人々の自尊心を高めるというセラピー的役割を引き受けていた社会だった。一九六〇年代までは、アイデンティティに関心を持つ人のほとんどは、個人の潜在能力を開花させたい人だった。しかし社会運動が盛り上がりを見せるなかで、当然の成り行きとして多くの人が、自分の目的を自分が所属する集団の尊厳に即して考えるようになった。世界の民族運動についての研究によると、個人の自尊心は、その人が結びついている大きな集団に与えられる尊敬と関係している。つまり、政治的なものが個人的なものにも影響を及ぼすのである。(1) それぞれの運動が代表するのは、それまで周囲の目に入らずに抑圧されていた人たちである。その一人ひとりが周囲から見られていない状態に憤《いきどお》りを覚え、自分の内面の価値を公《おおやけ》に認められたいと願っていた。そこから、現代のいわゆる「アイデンティティの政治」が生まれたのである。新しいのは呼び名だけだ。これらの集団は、それ以前のナショナリズムや宗教的アイデンティティを求める運動での闘争とものの見方を繰り返していたのに過ぎない。

社会の周縁に置かれた各集団は、自分たちのことを大きなアイデンティティで理解することも、小さなアイデンティティで理解することもできる。集団のメンバーを支配的集団のメンバーと同じように扱うことを社会に求めることもあれば、社会の主流とは異なるものとしてメンバーの尊厳を要求することもある。そして、徐々に後者の戦略が勝利を収めていった。初期のマーティン・ルーサー・キング・ジュニアによる市民権運動は、ただアメリカ社会が黒人を白人と同じように扱うことだけを求めていた。白人同士の関係を取り持つ規範や価値を批判することはなく、国の基本的な民主主義の制度を変えるよう求めることもなかったのである。だが一九六〇年代の終わりにはブラックパンサーやネーション・オブ・イスラムといった集団が現れ、黒人には独自の伝統と意識があると主張するようになった。黒人は、社会全体が彼らに望む姿をとることによってではなく、ありのままの姿で自分たちに誇りを持つべきというわけだ。ウィリアム・ホームズ・ボーダーズ・シニア［訳注：公民権活動家、一九〇五〜九三］が書きジェシー・ジャクソン牧師［訳注：バプティスト派の牧師で公民権活動家、一九四一〜］が読みあげた詩の言葉で言うと、「わたしは貧しいかもしれない、けれどもわたしは――何者かだ！」。黒人アメリカ人のほんものの内なる自己は、白人の内なる自己とは異なり、敵意ある白人社会のなかで黒人として育った独自の経験によって形づくられたものである。この経験を特徴づけるのは暴力、人種差別、侮辱《ぶじょく》であり、ほかの状況で育った人にはこれを理解することはできないというのだ。

このテーマは、現在の「ブラック・ライヴズ・マター」運動にも引き継がれている。ミズーリ州ファーガソン、ボルティモア、ニューヨークなどの都市で起こった警察による黒人への暴力を受けて生まれた運動である。この運動は、マイケル・ブラウンやエリック・ガーナーら被害者個人に正義がもたらされるよう求めるところから、やがて黒人アメリカ人の日々の暮らしのあり方を人々に知らせようとする取り組みへと移行していった。タナハシ・コーツらの作家は、アフリカ系アメリカ人に対する現在の政治的暴力を、奴隷とリンチの長い歴史的記憶と結びつける。この記憶が、異なる「生きられた経験（lived experience）」をしてきた黒人と白人の理解を隔《へだ》てるものの一部である。(2)

同じ展開はフェミニズム運動でも見られたが、進展はさらに速く強力だった。運動の主流がもっぱら求めたのは、初期の市民権運動と同じく、雇用、教育、法廷などで女性が平等に扱われることだった。しかしフェミニズム思想の重要な一派は、最初から女性の意識と生活経験は男性とは根本的に異なると論じており、フェミニズム運動の目標は、ただ女性が男性のように考えて行動できるようにすることではないと主張していた。大きな影響力を持った一九四九年の著書『第二の性』でシモーヌ・ド・ボーヴォワール［訳注：フランスの哲学者、一九〇八～八六］は、女性の生活と身体の経験は周囲の社会の家父長《かふちょう》的な性質によって形成されているところが大きく、この経験は男性にはほとんど理解できないと論じている。(3) この見解をさらに極端なかたちで示したのが、フェミニスト法学者キャサリン・マッキノンである。マッキノンはレイプと性交は「区別するのがむずかし」く、レイプについての既存の法律はレイプ犯の視点を反映していると喝破《かっぱ》する。この種の法律を起草する人がみなレイプ犯だというわけではないが、それでも「彼らは（レイプを）する集団の一員であり、レイプをする者たちは、しない者たちと共通の理由からそれをするのである。すなわち、男性性と男性的な規範への帰属意識である」(4)。

「生きられた経験」に反映される独自のアイデンティティ

各集団がそれぞれ独自のアイデンティティを持ち、外部の人にはそれがわからないという考えは、「生きられた経験」という言葉に反映されている。この言葉は一九七〇年代から大衆文化のなかで爆発的に普及した。(5)「経験」と「生きられた経験」の違いは、ドイツ語のエアファールング（Erfahrung＝経験）とエアレープニス（Erlebnis＝体験）の違いに由来する。この違いは、十九世紀の数多くの思想家の関心の的だった。エアファールングは共有できる経験のことであり、さまざまな実験室で再現される化学実験のようなものである。これとは対照的に、エアレープニス（この単語にはLeben＝レーベン、すなわち〝生〟という言葉が含まれる）は経験を主観的に捉えたもので、必ずしもほかの人と共有できるわけではない。ヴァルター・ベンヤミン〔訳注：ドイツの文芸批評家、一八九二～一九四〇〕は一九三九年のエッセイでこう論じる。近代の生活は一連の「ショック体験」から成り立っており、個人個人は自分の生活を全体として把握することができず、エアレープニスをエアファールングへ変換するのがむずかしいのだと。この否定的な状況をベンヤミンは「新たな野蛮《やばん》状態」とみなし、そこでは共同体の記憶が個人の体験へと解体されてしまうと考えた。(6)先に見たように、この考えのもとをたどればジャン＝ジャック・ルソーに行きあたる。ルソーが「生存の感情」に重きを置いたことで、主観的な内なる感情が、社会で共有された規範や理解よりも重視されるようになったのである。

エアファールングとエアレープニスの違いは、「経験」と「生きられた経験」の違いと同じである。「生きられた経験」という言葉は、シモーヌ・ド・ボーヴォワールを経由して英語に入ってきた。『第二の性』の第二巻が「生きられた経験（L'expérience vécue）」と題されていたからである。女性の生きられた経験は、男性の生きられた経験とは異なるとボーヴォワールは論じる。女性の主観的な経験は、主観性そのものへの注目度を高め、これが人種、民族、性的指向、障がいなどに基づいたその他の集団やカテゴリーにも広まった。それぞれのカテゴリーのなかでも、生きられた経験には違いがある。たとえばゲイやレズビアンの人たちの経験は、トランスジェンダーの人たちの経験とは異なり、ボルティモアの黒人男性の経験は、アラバマ州バーミングハムの黒人女性の経験とは異なるといった具合である。

生きられた経験が注目されるようになったのは、長期的な近代化の性質を反映してのことだった。すでに見たように、この性質によってアイデンティティの問題がそもそも登場したのである。近代化にともなって、細かい分業に基づいた複雑な社会が現れ、現代の市場経済に求められる人の移動が盛んになって、村から都市へ移り住む人が増加し、多様な人々が互いに近くで暮らすようになった。現在の社会では、こうした社会変化が最新のコミュニケーション技術やソーシャルメディアによってさらに深化している。コミュニケーション手段が発達したことで、同じ考えを持つ人たちが遠くにいてもやり取りできるようになった。このような世界では、インターネット上でのユーチューバーやフェイスブックのコミュニティのように、生きられた経験の数が増え、したがってアイデンティティの数も急増する。同時に急速に失われるのが、昔ながらの

「経験」をする可能性、つまり集団の垣根を越えて見解や感情が共有される可能性である。

学校、大学、医療機関、その他の社会サービス機関がセラピー的転回を経たということは、これらの機関が人々の魂《たましい》（プシュケー、すなわち社会運動を駆《か》り立てるアイソサミア）と人々を取りまく現実の状況に手を差し伸べようとしたことを意味する。一九七〇年代と八〇年代に人種的マイノリティと女性の意識が高まるなかで、社会の周縁に追いやられた経験を理解する語彙《ごい》と枠組みが整った。かつては個人の問題だったアイデンティティが、独自の「生きられた経験」によって形成された独自の文化を持つ集団の性質になったのである。

「多文化主義」は、すでに多様性のある社会を表す言葉である。しかしこれは、それぞれの文化とそれぞれの生きられた経験、とりわけ過去に視野に入れられていなかったり過小評価されていたりした文化や経験を平等に重んじることを目指す政治的取り組みを指す言葉でもある。古典的自由主義は、みんなが平等に持つ個人の自律を守ろうとしたが、新しい多文化主義のイデオロギーは、文化が平等に尊敬されることを目指す。文化のなかにいる個人の自律が制限されても、やはりそれを追求するのである。

「多文化主義」という言葉が最初に使われるようになったのは、カナダのフランス語話者、イスラム教徒の移民、アフリカ系アメリカ人など、大きな文化集団についてだった。しかしこれらの集団は、独自の経験を持つさらに小さく具体的な集団に分けられるとともに、さまざまな差別が交差する集団へと細分化されていった。たとえば有色人種の女性など、人種だけでもジェンダーだけでも理解されえなかった存在である。(7)

アイデンティティへと重点が移行したのには、もうひとつ理由がある。社会と経済に大規模な変化を生じさせる政策をつくるのが、次第にむずかしくなってきたからだ。一九七〇年代と八〇年代に、進歩的な集団は先進国で存続の危機に直面した。二十世紀の前半には、極左《きょくさ》はマルクス主義とマルクス主義が強調する労働者階級およびプロレタリア革命をその特徴としていた。社会民主主義の立場をとる左派は、マルクス主義者とは異なり自由民主主義の枠組みを受け入れ、また別の課題を掲げていた。福祉国家を拡大して社会的保護を広げ、より多くの人を助けるという課題である。いずれにせよ、マルクス主義者も社会民主主義者も左派は、国の力を使って社会サービスをすべての国民に開放し、富と所得を再配分することで、社会経済の平等性を高めようとしていたのである。

二十世紀が終わりに近づくと、この戦略の限界が明らかになった。ソヴィエト連邦や中国など、実際の共産主義国が常軌《じょうき》を逸した抑圧的な独裁国家と化し、マルクス主義者はこの現実に向き合わざるをえなくなったのである。自身共産主義者だったニキータ・フルシチョフ〔訳注：旧ソ連の第一書記、任期一九五三〜六四〕やミハイル・ゴルバチョフ〔訳注：同書記長、任期一九八五〜九一〕といった指導者も、この体制を糾弾《きゅうだん》した。一方で産業化が進んだ民主主義国のほとんどで、労働者階級はどんどん豊かになり、何の不満もなく中間層に合流した。共産主義革命と私有財産の廃止は、もはや課題とはみなされなくなったのである。

社会民主主義も、ある種の行き詰まりに直面する。福祉国家を絶えず拡大させるという目標の実現が、激動の一九七〇年代に財政的な制約によって妨《さまた》げられるようになったのだ。政府は紙幣を増発することでこれに対応し、インフレと金融危機を招いた。所得再配分の取り組みによって動機づけが歪《ゆが》められ、労働、貯蓄、起業の意欲が削《そ》がれて、それが今度は再配分に使われる税収の総額を減らす。リンドン・ジョンソン大統領〔訳注：任期一九六三～六九〕が「偉大な社会」の実現を掲げて貧困撲滅に取り組んだものの、そうした野心的な試みもむなしく格差は深く社会に定着したままだった。一九九一年にソ連が崩壊し、一九七八年以降に中国が市場経済へ移行すると、マルクス主義的左派はほぼ壊滅状態に陥《おちい》り、残された社会民主主義者は資本主義と手を組んだ。また、ヴェトナム戦争やウォーターゲート事件などの失態ののち、左派も右派と同様に政府に幻滅するようになった。

多文化主義の恩恵――#MeToo運動とブラック・ライヴズ・マター運動

二十世紀終わりには、社会と経済の大規模な改革を目指す動きが衰《おとろ》え、それと同時に左派が「アイデンティティの政治」と多文化主義を受け入れた。左派は引き続き熱心に平等を追求しているが、重点は移行し、労働者階級の状態よりも、どんどん数を増す周縁化された集団の心理的要求に目が向けられている。多くの活動家が、旧来の労働者階級や労働組合は特権階層であり、自分たちよりも貧しい移民や人種的マイノリティの窮状《きゅうじょう》にほとんど同情を覚えていないと考えるようになった。承認の闘争は、個人の経済的不平等ではなく、新しい集団とそれらの集団の権利を対象とするようになり、この過程で旧来の労働者階級はあとに取り残された。

同様の現象はヨーロッパ諸国でも見られた。たとえば、アメリカよりも極左がつねに力を持っていたフランスでも同じである。一九六八年五月の出来事のあとには、マルクス主義者の旧左派が掲げる革命の目標は、新たに現れつつあるヨーロッパにはもはやそぐわないようだと考えられるようになった。左派の問題関心は文化へと移行する。打ち砕かなければならないのは、労働者階級を搾取《さくしゅ》する現在の政治秩序ではなく、自国や海外の発展途上国でマイノリティを抑圧している西洋の文化と価値によるヘゲモニーである。(8) 古典的なマルクス主義は、西洋啓蒙《けいもう》思想の前提の多くを受け入れており、科学と合理性、歴史の進歩、伝統社会に対する現代社会の優位性を信じていた。他方で新しい文化的左派はニーチェ主義的で相対主義的であることから、西洋啓蒙思想の土台であり続けたキリスト教と民主主義の価値観を攻撃する。そこでは西洋文化は、植民地主義、家父長制、環境破壊の温床とみなされる。この批判がアメリカに入ってきて、大学でポストモダニズムや脱構築主義として広まった。

ヨーロッパは、現実としても思想の面でも多文化になった。第二次世界大戦後、初期の労働力不足を受けて、多くのヨーロッパ諸国で移民コミュニティ(イスラム教徒中心のことが多い)が拡大する。当初、これらのコミュニティの活動家は移民とその子どもたちの平等な権利を求めたが、地位の向上や社会への同化を絶えず阻《はば》まれて失望を覚えた。そして一九七九年のイラン革命と、サウジアラビアによるサラフィー主義のモスクと神学校への支援に触発《しょくはつ》されて、イスラム主義者の集団がヨーロッパに登場し、イスラム教徒は同化を目指すのではなく独自の文化を維持すべきだと論じるようになった。ヨーロッパ左派の多くがこの動きを受け入れ、イスラム主義者は社会システムに統合される道を選んで西洋化したイスラム教徒とは異なり、社会の周縁に追いやられた人々の真の代弁者だとみなすようになる。(9) フランスでは、イスラム教徒が新たなプロレタリアートとなり、左派の一部は文化的多元主義の名のもと従来の世俗主義を捨てた。イスラム主義者自身が不寛容で狭量《きょうりょう》だという批判は、反人種差別と反イスラム嫌悪の旗印《はたじるし》のもと軽んじられることが多かった。

アメリカとヨーロッパで進歩的な左派の問題関心が変化したことには、プラスとマイナスの両面がある。「アイデンティティの政治」を受け入れたのはもっともであり、必要な動きでもあった。アイデンティティ集団の「生きられた経験」はそれぞれ異なり、各集団はそれぞれに適した方法で扱われる必要がある。集団の外の人間は、自分たちが彼らに害をなしているのに気づかないことが多い。#MeToo運動がセクシュアル・ハラスメントと性的暴力に光を当てたことで、多くの男性が初めて自分たちの行為に気づいたのもその一例だ。「アイデンティティの政治」は、関係者に真の恩恵をもたらすように文化と行動を変えることを目的としているのである。

特定集団が不当に扱われてきた経験に焦点を当てることで、「アイデンティティの政治」は具体的な公共政策を改善させてそれらの集団に恩恵をもたらし、文化的規範にも望ましい変化をもたらした。警察の暴力はいまなお見られるが、ブラック・ライヴズ・マターの運動によって、アメリカ全国の警察がマイノリティに自覚を持って接するようになった。#MeToo運動は性的暴力について人々の理解を広げ、それに対処する現行刑法の不備について重要な議論を巻き起こした。この運動がもたらした最も重要な影響は、おそらく規範全体を変化させたことだろう。すでにアメリカ国内外で、職場での男女のかかわり方に変化が生じている。

多文化主義の四つの問題点

このように、「アイデンティティの政治」そのものが悪いわけではない。不正義への自然かつ必然的な反応である。問題になるのは、アイデンティティが特定のかたちで解釈され主張されるときだ。一部の進歩派は、ほとんどの自由民主主義国で過去三十年間に拡大した社会的・経済的格差を是正する道を真剣に考える代わりに、安易に「アイデンティティの政治」へ目を向けている。予算を獲得したり、懐疑的な議員たちを説得して政策を変更させたりするよりも、エリート制度内での文化の問題について論じるほうが簡単だ。「アイデンティティの政治」が最も顕著《けんちょ》に現れたのが、一九八〇年代以降の大学キャンパスである。大学のカリキュラムを変更して、女性やマイノリティによる著作の講読を組み込むほうが、そうした集団の所得や社会的状況を変化させるよりも容易だからだ。最近、アイデンティティの主張が目立つのは、シリコンバレーの女性幹部や、ハリウッドの向上心に燃える女優や女性映画制作者など、所得分布のほぼトップにいる人たちである。彼女たちがもっと平等に扱われるようになるのは望ましいことだが、トップ1パーセントの人々と残り99パーセントの人々のあいだの、目に余る格差は残されたままだ。

この点は、狭く定義された集団にもっぱら目を向けることで生じる第二の問題ともつながっている。古くからある大きな集団から注意が逸《そ》らされてしまうという問題である。これらの集団が抱える深刻な問題は、ずっと無視されてきた。一九七〇年代と八〇年代に、アメリカの白人労働者階級のかなりの部分が、アフリカ系アメリカ人に比肩《ひけん》する最下層に引きずり下ろされた。それにもかかわらず、アメリカの地方で蔓延《まんえん》するオピオイド中毒や、貧困状態のひとり親家庭で育つ子どもの行く末を懸念する声は、(少なくとも最近までは)左派の活動家からほとんど聞かれなかった。今日の進歩派には、オートメーションが進むにつれて大量失業が起こる可能性や、テクノロジーの発展によって白人・黒人・男女すべてのアメリカ人のあいだで所得格差が広がる可能性に対処する大きな戦略がない。ヨーロッパの左派政党も同じ問題を抱えている。近年、フランスの共産党と社会党は国民連合にかなりの票を奪われており、ドイツ社会民主党もアンゲラ・メルケルのシリア難民受け入れ政策を支持したことで、同様に二〇一七年の選挙で票を失った(10)。

現在のアイデンティティ理解が抱える第三の問題は、それが言論の自由を、さらに広く言うなら民主主義の維持に必要な理性的対話を、脅《おびや》かしかねない点にある。自由民主主義諸国は、思想の市場で(とりわけ政治の領域では)何でも言いたいことを言う権利を守ることに力を注ぐ。しかしアイデンティティに執着《しゅうちゃく》するがあまりに、必要とされる慎重な対話が阻まれているのである。アイデンティティ集団の「生きられた経験」にもっぱら目を向けることで、内なる自己を理性的に検討するよりも、感情的に体験することに重きが置かれるようになったからだ。ある論者はこう言う。「われわれの政治文化は、ミクロレベルでは、ある人の意見と、その人が無二の、不変の、ほんものの自己とみずからみなすものとの融合を特徴とする」。ここでは、心から信じられている意見が、それを放棄するよう強《し》いかねない理性的な討議よりも優先される(11)。ある主張がだれかの自尊心を損《そこ》ねるのなら、それだけでその主張は不当だとみなされる傾向にあるのだ。この傾向は、ソーシャルメディア上で広く見られる手っとり早いやり取りによって助長されてきた。(12)

マーク・リラ〔訳注：政治哲学者〕が説明するように、さまざまなアイデンティティ集団が左派連合をつくるという政治戦略も問題に直面している。(13) アメリカの政治システムが現在、機能不全に陥り衰退しているのは、アメリカ政治がかつてないほど極端に二極化しつつある状況と関係している。このために日々の政治が瀬戸際《せとぎわ》政策の応酬になり、国のすべての機関が政治に巻き込まれてしまいかねない状況にあるのだ。この二極化の責任は、左右に同じだけあるわけではない。トーマス・マン〔訳注：シンクタンク「ブルッキングス研究所」所属〕とノーマン・オーンスタイン〔訳注：シンクタンク「アメリカン・エンタープライズ研究所」所属〕が論じるように、民主党が左へ向かうのよりもはるかに急速に、共和党はティーパーティに代表される極端主義に向かった。(14) しかし左派もさらに左へ移行している。そうすることで共和党も民主党も、二大政党制と一般投票による予備選挙のもと、政治意識の高い活動家たちの要求に反応しているのである。アイデンティティの問題にきわめて強い関心を示す活動家たちが、有権者全体を広く代表していることはめったにない。それどころか、彼らの関心は主流の有権者を遠ざけることが多い。また、「生きられた経験」を強調する現代のアイデンティティの性質そのものが、リベラル派連合の内部でも葛藤《かっとう》を生じさせる。たとえば、「文化の盗用」をめぐる論争では、進歩派の黒人と進歩派の白人が対立することになった。(15)

「ポリティカル・コレクトネス」攻撃で結集した右派

左派の「アイデンティティの政治」に現在見られる四番目で最後の、そしておそらく最も深刻な問題が、これに触発されて右派の「アイデンティティの政治」が盛んになっていることである。「アイデンティティの政治」によって、政治的に正しい言葉づかい「ポリティカル・コレクトネス」を求める動きが台頭し、これに反対することで右派が結集した。ポリティカル・コレクトネスは二〇一六年のアメリカ大統領選で中心的な論争の的となったので、一歩ひいてこのフレーズの由来について考えてみる必要がある。

「ポリティカル・コレクトネス」は、公の場で口にすると強い道徳的非難を受ける恐れがある表現に注意を向けさせる。それぞれの社会には、その正統性の基礎をなす思想に背《そむ》き、それゆえ公の場で話すのにふさわしくない考えがある。自由民主主義社会では、ヒトラーがユダヤ人を殺害したのは正しかった、あるいは奴隷制は善意の制度だったと考えてそれを口にするのは自由だ。アメリカ合衆国憲法修正第一条でも、その種のことを口にする権利が保障されている。しかし、そのような説を信じる政治家はみな、当然ながら強い道徳的非難を受けることになる。アメリカ独立宣言で述べられた平等の原則に反するからだ。ヨーロッパ民主主義国の多くでは、アメリカのように言論の自由を絶対視することはないので、その種の発言はこれまでずっと違法だった。

だが、「ポリティカル・コレクトネス」の社会現象はもっと複雑だ。新しいアイデンティティが次々と登場し、受け入れられる発言の基準が絶えず変化していくので、それについていくのはむずかしい。「マンホール」は「メンテナンスホール」と呼ばれるようになり、フットボールチーム「ワシントン・レッドスキンズ」は、その名がアメリカ先住民を侮辱しているとみなされるようになった。「彼」や「彼女」をそれにふさわしくない文脈で使うと、インターセクシュアルやトランスジェンダーの人たちへの配慮が足りないということになる。著名な生物学者E・O・ウィルソンは、ジェンダーの違いのなかには生物学的な根拠があるものもあると発言したことで、バケツの水を頭からかけられた。これらの言葉は、どれも民主主義の根本原理にとって重大な意味があるわけではない。特定の集団の尊厳を損ね、その集団独自の困難や苦しみへの無理解や思いやりのなさを示すとみなされるのである。

ポリティカル・コレクトネスが極端に見られるのは、左派の比較的少数の作家、芸術家、学生、知識人のあいだだけである。しかしこれを保守系メディアがやり玉にあげ、左派全体を代表するものとして大きく扱っている。これをふまえれば、二〇一六年アメリカ大統領選の驚くべき側面が理解できるかもしれない。同選挙戦でドナルド・トランプは、ほかの人なら政治生命を絶たれてしかるべきふるまいをしながらも、核となる支持者集団からの人気を失わなかった。選挙戦中、トランプは障がいを持つジャーナリストをばかにしたり、女性の身体をまさぐったことを自慢していたのを暴露されたり、メキシコ人をレイプ犯や犯罪者よばわりしたりした。トランプ支持者の多くは、一つひとつの発言をよしとしたわけではなかったかもしれないが、ポリティカル・コレクトネスの圧力に怯《ひる》まない彼の姿勢に好感を持った。トランプは、いまの時代を定義する「ほんもの」という倫理の完璧な実践者である。嘘《うそ》つきで意地悪で大統領らしくないかもしれないが、少なくとも自分が思うことをありのまま口にしているというわけだ。

ポリティカル・コレクトネスに真正面から異議を申し立てたトランプが決定的な役割を果たして、「アイデンティティの政治」の焦点は、生まれ故郷の左派から、現在それが根ざしている右派へと移った。左派の「アイデンティティの政治」は、特定のアイデンティティのみを正統化し、ヨーロッパ民族(白人)、キリスト教徒、地方在住者、伝統的な家族の価値を信じる人やそれらに類する人たちのアイデンティティは無視したり軽視したりしてきた。ドナルド・トランプを支持する労働者階級の多くは、自分たちは国のエリートから無視されてきたと感じている。ハリウッド映画で脚光を浴びるのは女性、黒人、ゲイの登場人物であり、自分たちのような人間が注目されることはない。たまにばかにされるために登場するぐらいだ(たとえば、ウィル・フェレル主演の『タラデガ・ナイト　オーバルの狼』)。アメリカだけでなくイギリス、ハンガリー、ポーランドでも、ポピュリスト運動の中心を支えているのは地方在住者である。彼らは、都市に拠点を置くコスモポリタンなエリートのせいで伝統的な価値観が危機に瀕《ひん》していると思い込んでいることが多い。また、世俗的な文化の犠牲になっているとも感じている。その文化は、イスラム教やユダヤ教を批判しないように気を配る一方で、彼らが信じるキリスト教を偏狭《へんきょう》の象徴とみなすからだ。彼らはまた、エリート・メディアのポリティカル・コレクトネスのせいで、自分たちが危険にさらされているとも感じている。たとえば、二〇一六年の幕開けを祝うケルンで、ほぼイスラム教徒の男からなる群衆が大量の痴漢行為と性的暴力を働いた。この事件が起こったあと、ドイツの主流メディアはイスラム嫌悪を掻《か》き立てるのを恐れて数日間これを報じなかった。

右派が新たに関心を向けるアイデンティティのうち、最も危険なのが人種にかかわるものである。トランプ大統領は、表立って人種差別的な見解を口にしないようにしている。しかし、人種差別的な見解を持つ人や集団からの支持は、すすんで受け入れる。大統領候補だったときには、クー・クラックス・クラン（KKK）の元リーダー、デイヴィッド・デュークを批判するのを避け、二〇一七年八月にヴァージニア州シャーロッツヴィルで開催された極右《きょくう》の集会「ユナイト・ザ・ライト・ラリー」で右翼と抗議者が衝突したあとには、「どちらの側にも」責任があると発言した。しきりに黒人のスポーツ選手や芸能人を批判してもいる。また、南部連合国の英雄を記念する像の撤去をめぐって国はさらに二極化しており、トランプはこの問題を積極的に利用してきた。トランプが台頭してから、白人のナショナリズムはアメリカ政治の傍流《ぼうりゅう》から主流へと移行した。白人ナショナリズムの支持者は次のように論じる。ブラック・ライヴズ・マター、ゲイの権利を主張する運動、ラテンアメリカ系有権者を、特定のアイデンティティをもとに正当に組織された集団として語ることは、政治的に受け入れられてきた。それなのに、自分のことを語るのに「白人」という形容詞をただ使っただけで、あるいは「白人の権利」を掲げて政治組織をつくろうなどとしようものなら、たちまち人種差別主義者や偏狭な人間とみなされるのだと。

同様のことは、ほかの自由民主主義国でも起こっている。ヨーロッパの白人ナショナリズムには長い歴史があり、それはファシズムと呼ばれる。ファシズムは一九四五年に軍事的に敗れ去り、それ以降は注意深く抑えつけられてきた。しかし最近の出来事によって、抑制が一部緩《ゆる》まっている。二〇一〇年代なかばの難民危機の結果、東欧ではイスラム教徒の移民が地域の人口バランスを崩すのではとパニックが起こった。二〇一七年十一月、ポーランドの独立記念日に推定六万人がワルシャワの街を行進し、「純粋なポーランド、白人のポーランド」、(ポーランドにいる難民の数は比較的少ないにもかかわらず)「難民は出ていけ」と声をあげた。政権を握るポピュリスト政党「法と正義」はデモ参加者から距離をとったが、ドナルド・トランプと同様に曖昧《あいまい》な反応を示し、デモ参加者の目的にまったく同情しないわけではないことがうかがえた。(16)

「アイデンティティの政治」を支持する左派は、右派が主張するアイデンティティは不当であり、マイノリティや女性、その他社会の周縁に置かれた集団と道徳的に同列とみなすことはできないと論じるだろう。それは歴史上ずっと特権的な位置を占め、今後もそこにとどまる支配的な主流文化のものの見方を反映しているというのである。

この論点には、明らかに真実が含まれている。マイノリティ、女性、難民が不当に優遇されているという保守派の見方は、かなり誇張された見解だ。ポリティカル・コレクトネスがいたるところで暴走しているという考えも同じである。この問題を大きく助長しているのが、ソーシャルメディアだ。たったひとつのコメントや出来事がインターネット上を飛び回り、あるカテゴリーの人全体を象徴するようになるからである。社会の周縁に置かれた集団の多くにとって、現実はこれまでと変わらない。アフリカ系アメリカ人はいまも警察による暴力の犠牲になっており、女性は暴行とハラスメントを受けている。

ただ注目に値するのは、右派がアイデンティティの言葉と枠組みを左派から取り入れたことである。自分の集団が不当に差別されている、自分たちの集団の状況や苦しみに社会のほかの人たちは気づいていない、この状況をつくり出した社会・政治構造全体（メディアや政界のエリート）は打ち倒されなければならない、といった考えである。現在では、左派から右派までイデオロギーを横断して、「アイデンティティの政治」というレンズを通してほぼすべての社会問題を理解している。

自由民主主義国は、外部の人間が理解できない、急激に数を増やしつつあるアイデンティティ集団を中心に組織されるべきではない。「アイデンティティの政治」は、アイデンティティ集団が互いに相手を脅威《きょうい》とみなすようになるにつれて、さらに加速する。経済的資源をめぐる闘いとは異なり、アイデンティティの主張には通常、交渉の余地がない。人種、民族、ジェンダーに基づいた社会的承認の権利は、固定された生物学的性質を土台にしていて、ほかの何かと交換することはできず、いかなるかたちでも縮小することができないからだ。

左右の論者の一部にそう信じる者がいるとはいえ、アイデンティティは生物学的に決定されはしない。アイデンティティは経験と環境によって形成され、それを狭く定義することも広く定義することもできる。ある特定のかたちで生まれたからといって、ある特定の考え方をしなければいけないわけではない。「生きられた経験」は、最終的には「共有された経験（shared experience）」へと翻訳可能だ。社会は周縁化された者たちや排除された者たちを保護しなければならないが、話しあいと合意によって共通の目標を達成する必要もある。左右両派の関心がいずれも小さな集団のアイデンティティへ向かっている現状は、コミュニケーションと集団行動の可能性を脅かす。この問題への解決策は、アイデンティティの概念を捨て去ることにはない。アイデンティティは、現代人が自分自身や周囲の社会を理解するのに欠かせない。解決策は、既存の自由民主主義社会にすでに存在する多様性を考慮に入れた、もっと大きく統合的なナショナル・アイデンティティをつくることに見いだされる。次の二つの章でこれについて論じたい。

第 12 章

われら国民

WE THE PEOPLE

ナショナル・アイデンティティの形成

二〇一一年に起こったアラブの春のあと、シリアは壊滅的な内戦状態に陥《おちい》り、死者は推定四十万人にのぼる。国連難民高等弁務官事務所（UNHCR）によると、四八〇万人が国を逃れ、そのうち一〇〇万人がヨーロッパへ渡った。また六六〇万人がシリア国内で避難民となった。紛争が始まったときの人口が一八〇〇万人だった国での話である。この内戦から波及して、シリアの近隣諸国であるトルコ、ヨルダン、レバノン、イラクでも政情が不安定になり、移民危機がEUを揺るがした。

シリアは、国が明確なナショナル・アイデンティティを持たないときに何が起こるかを示す極端な例である。内戦の近因は、二〇一一年に発生した平和な抗議運動にあった。アラブの春に触《しょく》発《はっ》されて、バッシャール・アル＝アサド政権へ抗議の声をあげたものだ。しかしアサドは退陣せず、反対者たちを容赦《ようしゃ》なく弾圧した。反対者たちもそれに暴力で応じ、この紛争は外部集団の関心も集めて、ISISに加わろうと外国人兵士が流れ込んだ。またトルコ、サウジアラビア、イラン、ロシア、アメリカが介入したことで、内戦はさらに深刻化した。

こうした出来事の背後にあったのが、宗教的な分裂である。一九七〇年のクーデター後、シリアはハーフェズ・アル＝アサドが支配し、二〇〇〇年以降はその息子バッシャールが政権を引き継いだ。彼らはアラウィー派である。イスラム教シーア派の一派であるアラウィー派は、シリアの戦前人口のおそらく12パーセントほどを占めていた。残りの多数派はスンナ派のイスラム教徒であり、ほかにもキリスト教徒、ヤジディ教徒、その他のマイノリティが相当数いた。また、アラブ人、クルド人、ドゥルーズ派、トルクメン人、パレスチナ人、チェルケス人ら、民族と言語の分断もあり、これはときに宗教的な分断と対応している。暴力を用いる過激派、穏健《おんけん》派イスラム主義者、リベラル派のイデオロギー対立もある。アラウィー派がシリアの政治を牛耳《ぎゅうじ》るようになったのは、この地域の植民地宗主国であったフランスが分割統治戦略のもと彼らを軍に取り込んだからだ。アサド一家による支配のもとでは、アラウィー派は国内のほかの集団から嫌われて抵抗を受け、ハーフェズとバッシャールの父子による厳しい弾圧によってようやく国の安定が保たれていた。人々の忠誠心はシリアという国家へはほとんど向けられず、自分たちの党派、民族集団、宗教にとどまっており、二〇一一年に抑圧的な国家が弱体化しつつあると見られると、国は崩壊した。

ナショナル・アイデンティティが脆弱《ぜいじゃく》なのは、中東全体に見られる大きな問題である。イエメンとリビアは破綻《はたん》国家となり、アフガニスタン、イラク、ソマリアは内乱とカオスに陥った。ほかの発展途上国はこれらの国よりは安定していたが、ナショナル・アイデンティティの弱さから来る問題に悩まされている。サハラ以南のアフリカ諸国も同じ状態にあり、これが発展を大きく妨《さまた》げている。たとえば、ケニアやナイジェリアなどの国は、民族的・宗教的に分断されており、異なる民族集団が順番に政権の座について国から利益を得ることで、安定が確保されてきた。(1) その結果、汚職、貧困、経済発展の失敗が顕著《けんちょ》に見られる。

これらの国とは対照的に、日本、韓国、中国では近代化が始まる前から、それどころか十九世紀に西洋列強と対峙《たいじ》する前から、ナショナル・アイデンティティが高度に発達していた。こうした国が二十世紀と二十一世紀はじめに目覚ましい発展を遂げられたのは、国際貿易・投資に門戸を開いたときに国内のアイデンティティ問題に取り組む必要がなかったからでもある。これらの国も内戦、占領、分断を経験した。しかしこうした問題が落ち着いたあとは、伝統的な国家としてのあり方と、国としての共通の目的を土台にして前進することができたのである。

ナショナル・アイデンティティは、国の政治体制の正統性をみんなが信じている状態から生まれる。その体制が民主的か否かは関係ない。アイデンティティは正式な法律や機関に体現されていることもあり、それらの機関は、たとえば教育制度のなかで子どもに国の過去をどう教えるのか、何を正式な国語とみなすのかといったことを決める。また、ナショナル・アイデンティティは、文化と価値の領域にも及ぶ。国民が自分たちについて語る物語も、ナショナル・アイデンティティを形成する。どこからやってきたのか、何を祝うのか、共有された歴史の記憶は何か、そのコミュニティの真のメンバーになるためには何が求められるのか、それらのことについての物語である。(2)

現在の世界では、人種、民族、宗教、ジェンダー、性的指向の多様性は現実に存在し、またそれは目指すべき価値でもある。さまざまな意味で、これは社会にとって望ましいことだ。多様な考えや行動に触れると、イノベーション、創造性、起業家精神が刺激される。多様性が好奇心と刺激を生む。一九七〇年のワシントンDCは、白人と黒人からなる味気《あじけ》ない街で、いちばんエキゾチックな食事ができる場所といえば、コネティカット通りの中華料理店イェンチン・パレスだった。いまではワシントンとその近郊には、信じられないほど多様な民族が暮らす。エチオピア、ペルー、カンボジア、パキスタンの料理も食べられ、ある民族の居住区からほかの民族の居住区へとすぐに移動することもできる。街が国際化したことで、ほかの魅力も生まれた。若者が住みたがる街になり、以前は存在しなかった新しい音楽、芸術、テクノロジー、街並みそのものを若者が持ち込んだのである。これと同じことは、シカゴ、サンフランシスコ、ロンドン、ベルリンなど、世界中の多くの大都市で起こっている。

多様性はレジリエンス（弾力性）にとっても決定的に重要だ。環境生物学者の指摘によると、農作物を人工的に単一栽培すると、病気に弱くなることが多い。遺伝的多様性を欠くことになるからだ。それどころか、進化は遺伝子の変化と適応に基づいており、遺伝的多様性は進化そのものの原動力である。世界中でさまざまな種《しゅ》の多様性が失われつつあることが広く懸念されているが、これは長期的に生物のレジリエンスを脅《おびや》かす。

ナショナル・アイデンティティの六つの機能と理由

そして、本書ですでに見たように個人によるアイデンティティ追求の問題がある。人は大きな文化集団のなかで均質化されるのに抵抗を覚えることが多い。そこで生まれたのではない場合には、とくにそうだ。人はその人固有の自己を抑えつけられるのではなく、認められ重要視されたいのである。先祖とつながりを感じ、自分がどこからやってきたのか知りたいのだ。自分はもうその文化のなかにいなくても、急速に消えつつある現地語や、かつての暮らしを思い起こさせる伝統的な慣習を失いたくないと願う。

一方で、多様性にはいいことばかりがあるわけではない。シリアとアフガニスタンはきわめて多様性に富んだ国だが、この多様性が創造性とレジリエンスではなく暴力と紛争を生んでいる。ケニアの多様性は民族集団間の溝を深め、内向的な政治腐敗につながっている。第一次世界大戦前には、民族の多様性によってリベラルなオーストリア＝ハンガリー帝国が崩壊した。そこに暮らした諸民族が、共通の政治制度のもとでは共存できないと判断したからだ。十九世紀末のウィーンは、グスタフ・マーラー、フーゴー・フォン・ホーフマンスタール、ジークムント・フロイトを生んだるつぼだった。しかし、セルビア人、ブルガリア人、チェコ人、オーストリア＝ドイツ人といった帝国内のより小さな民族アイデンティティが自己主張を始めると、この地域は暴力と不寛容の発作に見舞われた(3)。

ナショナル・アイデンティティには、この時期から悪い印象がついてまわるようになる。民族主義として知られる、民族を単位にした排他的な帰属意識と結びつけられるようになったからだ。この種のアイデンティティによって集団に属さない人々が虐《しいた》げられ、国外に暮らす同胞のために外国へ攻撃が仕掛けられた。しかし問題は、ナショナル・アイデンティティという考えそのものではなかった。狭く定義され、民族に基づいた、不寛容で、暴力的で、きわめて狭量《きょうりょう》な形態をとるナショナル・アイデンティティに問題があったのである。

ナショナル・アイデンティティは、こうしたものである必然性はない。リベラルで民主的な政治の価値観や、多様なコミュニティを結びつけて繁栄させる共通の経験を中心に構築することもできる。たとえばインド、フランス、カナダ、アメリカはこうした試みを進めてきた。このような包摂《ほうせつ》的なナショナル・アイデンティティの感覚が、現代の政治秩序をうまく機能させ維持するのに欠かせない。これには多くの理由がある。

ひとつめが物理的な安全の問題である。ナショナル・アイデンティティがないと、極端な場合には国が崩壊して内戦が起こる。すでに見たシリアやリビアがその例だ。ただそこまでいかなくても、ナショナル・アイデンティティが脆弱だとほかにも深刻な安全保障上の問題が生じる。大国は小国よりも力を持ち、自国をよく守ることができる。自分たちの利益に合うように国際的な状況を整える力もほかより強い。たとえば過去数世紀のイギリスは、スコットランドが独立国のままだったら、地政学的にこれほど大きな役割を果たすことはできなかっただろう。同様にスペインも、最も豊かな地域であるカタルーニャが独立していたら、同じ力は持てなかったはずだ。深く分断された国は弱い。それゆえ、プーチンのロシアはヨーロッパ各地でひそかに独立運動を支援し、ヨーロッパの政治的分断を深めようとするアメリカの政治に介入してきた(4)。

ふたつめが、ナショナル・アイデンティティは政府の質にとっても重要だという理由である。良い政府、つまり公共サービスを効果的に提供する腐敗の少ない政府では、国の役人が自分たちの近視眼的な利益よりも公共の利益を優先させる。組織全体が腐敗した国では、政治家や官僚が公共の資源を自分たちの民族集団、地域、部族、家族、政党に横流ししたり、自分のポケットに入れたりする。コミュニティ全体の利益を考えなければならないとは感じないからである。

この点は、ナショナル・アイデンティティの三つめの機能とも関係している。経済発展を促す機能である。もし国民が自分たちの国に誇りを持っていなければ、国のために働こうという気にはならない。日本、韓国、中国には強力なナショナル・アイデンティティがあったため、とりわけ高度成長期には、エリートは自分の富を増やすのではなく国の経済発展に力を注いだ。「開発国家」の根底にあったのが、公《おおやけ》が主導するこの種の開発であり、サハラ以南のアフリカ、中東、ラテンアメリカなどの地域では、これがあまり見られなかった。(5) 民族や宗教に基づいたアイデンティティ集団の多くは、身内で取引をしたり、国家権力とのつながりを利用して自分たちの集団だけの利益を追求したりするほうを選ぶ。これは国にたどり着いたばかりの移民コミュニティにはプラスに働くかもしれないが、そのコミュニティがさらに繁栄できるか否かは、より大きな文化に同化できるか否かにかかっている。経済を繁栄させるには、可能なかぎり広い市場へアクセスできる必要がある。売る側も買う側も、相手のアイデンティティとは関係なく取引ができる市場である。ただし当然のことながら、ナショナル・アイデンティティが保護貿易主義の土台となってしまってはいけない。(6)

ナショナル・アイデンティティの四つめの機能は、広範囲にわたる信頼を醸成することにある。信頼は潤滑油《じゅんかつゆ》のような働きをして、経済交流と政治参加を促す。信頼は、社会関係資本と呼ばれるものに基づいている。非公式の規範と共有された価値観に基づいてほかの人と協力する力のことである。アイデンティティ集団はメンバー間で信頼を醸成するが、社会関係資本は狭い内集団に限定されていることが多い。それどころか、強力なアイデンティティのせいで、内外の集団メンバーのあいだで信頼が低下することも多い。社会は信頼をもとにして発展するが、成功するには可能なかぎり広い範囲の信頼が必要となる。(7)

ナショナル・アイデンティティが重要である五つめの理由は、経済格差を緩和する強力な社会的セーフティネットを維持するためにそれが必要だからだ。社会のメンバーが自分たちは大きな家族の一員だと感じ、互いに強い信頼を寄せていれば、弱者を支援する社会的プログラムを支える可能性が高くなる。北欧の強力な福祉国家は、同じく強力なナショナル・アイデンティティを土台として成り立っている。それとは対照的に、社会が利己的な集団に分かれ、互いに共通項がほとんどないと感じている場合には、互いのことを資源を奪いあうゼロサムの競争相手とみなす可能性が高い。(8)

ナショナル・アイデンティティの最後の機能は、自由民主主義そのものを可能にすることにある。自由民主主義国は、国民と政府、また国民のあいだでの暗黙の契約の上に成り立っており、国民は一定の権利を放棄して、より基本的で重要なほかの権利を政府に保護してもらう。ナショナル・アイデンティティは、この契約の正統性を中心に成立している。もし国民が自分たちは同じ政体の一員だと考えていなければ、自由民主主義は機能しないのだ。(9)

民主主義の質は、国民がその基本ルールを受け入れているだけでは確保されない。民主主義国が機能するには、独自の文化が必要になる。民主主義が自動的に合意を生むわけではない。さまざまな利害関心、意見、価値観が含まれた多元的な集団を、平和的にひとつにまとめなければならないのである。民主主義国では熟慮と討議が求められるが、これは何を発言できて何ができるのかという一定の行動規範を人々が受け入れることで初めて可能になる。国民は、自分が望まない結果も共通の善のために受け入れなければならないことがしばしばある。寛容と互いへの共感の文化が、党派的な感情よりも優先されなければならないのである。

アイデンティティはテューモスに根ざしており、テューモスは誇り、恥、怒りの感覚を通じて感情として経験される。すでに述べたように、このせいで理性的な議論や熟慮が阻《はば》まれることがある。他方では、国民が何らかのかたちで理性とは別の次元で、誇りと愛国心の感情を通じて立憲政治と人間の平等の理念に愛着を覚えていなければ、民主主義国は存続不可能だ。こうした愛着があるからこそ、社会が最悪の状態にあるときでも、理性だけなら制度の働きに絶望を覚えるところをなんとか耐え抜くことができるのである。

ナショナル・アイデンティティの政策課題

「移民」と「難民」

ナショナル・アイデンティティに大きな問題をつきつける政策課題が、移民と難民である。移民と難民の問題は、ヨーロッパとアメリカでポピュリスト・ナショナリズムを盛り上げる原動力となった。フランスの国民戦線（現在の国民連合）、オランダの自由党、オルバーン・ヴィクトル率いるハンガリーのフィデス、ドイツのための選択肢（ＡｆＤ）、イギリスのＥＵ離脱支持者は、反移民であるのと同時に反ＥＵでもある。ポピュリストの多くにとって、このふたつは同じ問題だ。彼らがEUを激しく嫌うのは、EUのせいで自分たちの国境を管理する主権が奪われていると考えるからである。一九八五年にEUはシェンゲン協定を結び、ほとんどの加盟国のあいだでビザを持たずに移動できるようになった。労働力の流動性を高めることと、経済成長を促すことがその目的だった。さらにEUは、域内に入った難民に大きな権利を与えており、この権利は各国の法廷ではなく欧州人権裁判所によって守られている。*

この仕組みは目的どおりに機能しており、労働力がより生産的に活用できる場所に人が流入できるようにするとともに、政治的迫害の被害者に避難先を提供してきた。しかし、多くのEU諸国で外国生まれの住民の数が激増し、この問題は二〇一四年、シリア内戦によって一〇〇万以上のシリア人がヨーロッパへ逃れたことで顕在化《けんざい》した。

同様のことはアメリカでも起こっている。政治学者ゾルタン・ハイナルとマリサ・アブラジャノが示すデータによると、アメリカ人が共和党候補者に投票する主な理由は、階級や人種から、移民の問題へとおおむね変わったという。(10) 一九六〇年代の市民権運動後、アフリカ系アメリカ人が民主党に組み込まれたことで南部が共和党支持へ向かったと広く考えられているが、現在は移民問題が同じような役割を果たしているわけだ。メキシコ人とイスラム教徒の移民への反対が、ドナルド・トランプの選挙戦と大統領当選において中心的な位置を占めていた。移民に対する保

＊シェンゲン圏は、EUとユーロ圏のいずれとも重なっているが、どちらとも完全に一致するわけではない。アイルランドやイギリスなど一部のEU加盟国はシェンゲン圏に加わっておらず、アイスランドやノルウェーなどのEU非加盟国も事実上シェンゲン圏に加わっている。

経済協力開発機構（OECD）諸国の一部において、外国生まれの者が人口に占める割合

出典：OECD。数字の単位は%

	1960年	1970	1980	1990	2000	2013	2015	2016
オーストラリア	…	…	…	22.769	23.037	27.713	…	…
オーストリア	10.57	9.06	9.54	10.33	10.395	16.704	18.2	…
ベルギー	…	…	…	…	10.328	15.508	16.3	…
カナダ	…	…	…	15.234	17.36	19.993	…	…
デンマーク	…	…	…	3.689	5.781	8.478	…	…
フィンランド	…	0.705	0.811	1.27	2.631	5.594	6	…
フランス	7.49	8.31	10.64	10.4	10.13	12.04	…	…
ドイツ	…	…	…	…	12.402	12.776	13.3	…
ギリシャ	6.3	10.19	1.798	6.06	10.28	…	…	12.7
ハンガリー	…	3.89	3.45	3.35	2.885	4.525	5.1	…
アイルランド	2.58	4.41	6.54	6.49	8.665	16.42	16.9	…
イタリア	0.915	1.6	1.97	2.52	3.73	9.457	9.7	…
日　本	0.56	0.587	0.65	0.871	1.02	…	…	1.4
韓　国	0.316	0.42	1.23	0.1	0.321	…	…	2.6
オランダ	…	2	3.47	8.14	10.143	11.625	12.1	…
ニュージーランド	14.08	14.57	15.11	15.56	17.187	22.406	…	…
ノルウェー	…	…	…	…	6.792	13.868	14.9	…
ポーランド	…	…	…	7.75	5.6	…	1.6	…
スペイン	0.696	0.95	1.31	2.12	4.891	13.439	12.7	…
スウェーデン	…	6.55	7.52	9.22	11.314	15.973	17	…
スイス	…	13.41	16.87	20.73	21.864	28.303	27.9	…
イギリス	…	5.29	5.96	…	7.925	12.261	13.3	…
アメリカ	…	…	…	7.919	11.024	13.079	13.44	…

守派の不満の核にあるのが、現在アメリカに暮らす推定一一〇〇万〜一二〇〇万人の不法移民である。ヨーロッパと同じようにアメリカでも、反移民を掲げる政治家たちは、南部の国境線を越えて人が流入するのを制御する主権を国が行使できていないと嘆くのだ。こうして、トランプが「大きく美しい」壁をメキシコとの国境線につくると約束することになった。

移民が反発を呼んだのは驚くことではない。移民の数が増え、それにともなって文化が大きく変容して、場所によってはいずれもかつてない次元に達しているからだ。右頁の表は、過去六十年間の、豊かな国に暮らす外国生まれの住民の割合を示したものである。現在のアメリカの水準は、二十世紀前後に移民の大きな波が見られたあとの一九二〇年代と同じぐらいの高さだ。

「国民」とはだれなのか？

ヨーロッパとアメリカのポピュリスト政治家に共通する目標は、「われわれの国を取り戻す」ことである。彼らの考えでは、異なる価値観と文化を持つ新来者と、ナショナル・アイデンティティという考えそのものが人種差別的で不寛容だと批判する進歩的左派のせいで、伝統的なナショナル・アイデンティティが薄められ脅《おびや》かされているのである。

しかし、彼らが取り戻そうとしているのはどの国なのか？　合衆国憲法の冒頭には次のようにある。「われら合衆国の人民は、より完全な連邦を形成し、正義を樹立し、国内の静穏を保障し、共同の防衛に備え、一般の福祉を増進し、われらとわれらの子孫の上に自由の恵沢《けいたく》を確保する目的をもって、ここにアメリカ合衆国のために、この憲法を制定し確立する」〔編注：初宿正典、辻村みよ子編『新解説世界憲法集　第四版』三省堂、二〇一七年、七七頁〕。憲法には、国民が主権者であり、政府の正統性は国民の意思から生じると明記されている。しかし国民がだれかは定義されておらず、どのような基準で人が国民のコミュニティに含められるのかも明らかでない。

合衆国憲法のこの沈黙から、重要な問いが生じる。ナショナル・アイデンティティは、そもそもどこから生まれるのか？　それはどのように定義されるのだろうか？　民主主義の基礎となる主権を持つ「国民」とはだれなのか？　多文化主義は、現実としてもイデオロギーとしても、われわれの国民としての共通感覚を弱めているのだろうか？　もし弱めているのなら、多様な人々をひとつにするナショナル・アイデンティティについての共通理解を再構築する方法はあるのか？

合衆国憲法がアメリカ国民を定義できていないのは、すべての自由民主主義国家が抱えるさらに大きな問題の反映である。フランスの政治思想家ピエール・マナンによると、ほとんどの民主主義国は前からすでに存在した国の上に成立している。主権者がだれかを定義するナショナル・アイデンティティの感覚がすでに発達した国の上に成り立っているわけだ。しかしこれらの国は、民主的につくられたわけではない。ドイツ、フランス、イギリス、オランダはみな、非民主的な体制のもと領土と文化をめぐって長期間、ときに暴力的に争った政治闘争の歴史的副産物だ。これらの国が民主化されたとき、その領土と住民がそのまま国民主権の基礎とみなされたのである。東アジアの日本と韓国についても、同じことがいえる。いずれも民主化される何百年も

前から国として存在しており、民主主義に政治を開いたときに国民の問題について議論する必要はなかった。(11)

マナンは近代の民主主義理論に見られる大きな欠陥を指摘する。トマス・ホッブズ、ジョン・ロック、ジャン＝ジャック・ルソー、イマヌエル・カント、『ザ・フェデラリスト』の執筆者たち、ジョン・ステュアート・ミルといった思想家たちはみな、世界は初めから民主主義の土台となった国に分かれていたと想定していた、という欠陥である。なぜアメリカとメキシコの境界線がリオ・グランデ川でなければならないのか、アルザスはフランスに属するのかドイツに属するのか、ケベックはカナダの一部であるべきか「独自の社会」であるべきか、カタルーニャはスペインから合法的に分離できるのか、移民の数はどれほどが適切か、こうした問いに答える理論を彼らは提供していないのだ。

そのような理論を提供したのは、ほかの者たちである。パウル・ド・ラガルドやアドルフ・ヒトラーらナショナリストは生物学に根ざした国民の定義を掲げ、世界にいまある国は、太古から存在する人種集団から成り立っていると論じた。ほかの論者たちは、不変とされる伝統文化を国の基礎とした。この種の理論が二十世紀はじめの攻撃的なナショナリズムを正当化し、これを擁《よう》護《ご》する者たちは一九四五年にナチズムが倒れるとともに敗れ去った。

「グローバル・コスモポリタン」とでも呼べる人たちは、ナショナル・アイデンティティと国家主権という概念そのものが時代遅れであり、もっと広い国境を超えたアイデンティティと制度とに取り替えるべきだと論じる。この見解は、ふたつの主張に支えられている。ひとつめが経済的・機能主義的な主張であり、今日の問題は世界規模のものなので、世界規模で取り組む必要があるというものだ。貿易・投資、テロ対策、環境、感染病、麻薬、人身売買、そのほか多くの問題がここには含まれる。国やナショナル・アイデンティティは国際協力を妨《さまた》げる可能性があり、国境を超えたルールと組織へと徐々に移行させる必要があるというわけだ。

第二の主張はより理論的であり、国際人権法から生じたものである。自由民主主義国は、すべての人間は平等だという前提の上に成り立っており、この平等は国境とは無関係だ。一九四八年の世界人権宣言を土台としてさまざまな国際法が生まれ、この権利はすべての人間が生まれながら持つものであり、すべての国がこれを尊重しなければいけないと主張されるようになった。[12] 人権関連の法律が発展するのにともなって、国家は自国民だけでなく移民や難民にも義務を負うようになる。なかには、移住の権利も普遍的だと論じる者もいる。[13]

これらの主張は、どちらもある程度までは有効である。とはいえ、国民国家を中心に成立している国際秩序を覆《くつがえ》すほどではなく、各国内で適切なナショナル・アイデンティティが必要でなくなるわけでもない。国家は時代遅れであり、国際機関がそれに取って代わるべきだという考えには無理がある。そのような国際機関に民主的な説明責任を果たさせる有効な方法を、だれも考えついていないからだ。民主的な制度が機能するには、共有された規範、ものの見方、つまるところ文化が必要であり、これらはすべて国民国家のレベルでは成り立つが、国際レベルでは存在しない。効果的な国際協力は、既存の国家間で協力することで実現できる。事実、これまで数十年にわたって、各国は国益を守るために主権の一部を手放してきた。[14] さまざまな問題を解決するのに求められる協力合意には、引き続きこのやり方で取り組むことができる。

世界中のほとんどの国が、普遍的な人権を尊重する義務をみずからすすんで引き受けており、これは当然のことだ。しかし、すべての自由民主主義国は国家を土台として成り立っているため、管轄権が及ぶのは自国の領土内に限られる。管轄権の及ばない外部の人を無制限に保護する義務を引き受けられる国家は存在しないし、すべての国家がそれを試みたとしても世界がよくなるかどうかはわからない。世界の国々は難民を受け入れる道徳的義務を当然ながら感じており、移民を歓迎するところもあるが、そのような義務を果たすには経済的にも社会的にもコストがかかる可能性があるため、民主主義国はこれとほかの優先事項とのあいだでバランスをとる必要がある。また、民主主義では国民が主権者だが、国民に含まれる人の範囲を決められなければ、国民は民主的選択を行うことができない。

このように、国内外の政治秩序は、今後も包摂《ほうせつ》的で適切なナショナル・アイデンティティを持つ自由民主主義国の存続にかかっている。そのようなアイデンティティの起源と、将来それがどのように変化する可能性があるのかを、次に説明したい。

第 13 章

国民の物語

STORIES
OF PEOPLEHOOD

ナショナル・アイデンティティ創出へ、四つの道

ナショナル・アイデンティティを理論化するのはむずかしい。いまある国々は、複雑で錯綜《さくそう》し、しばしば暴力的で強制的だった歴史的闘争の副産物だからだ。そうした結果として生まれた国々は、民主主義の諸制度の土台としてうまく機能しているが、論争はやまず、人口、経済、政治の変化によっても絶えず問題にさらされてきた。

ナショナル・アイデンティティは、主に四つの道を通じて創り出された。ひとつめが、国の政治的な境界線を越えて人を移動させる道であり、それは入植者を新たな領土に送り込んだり、ある土地に暮らす人々を強制的に追い出したり、あるいはただその人々を殺害したり、この三つすべてを組み合わせたりすることで実現された。人々を殺害するやり方は、一九九〇年代はじめのバルカン戦争では民族浄化と呼ばれ、当然ながら国際社会から非難された。しかし民族浄化は過去にほかの多くの国でも用いられており、そこにはオーストラリア、ニュージーランド、チリ、アメリカなどの民主主義国も含まれる。入植者が先住民を暴力的に排除したり殺害したりしたのである。

ナショナル・アイデンティティ創出への第二の道が、境界線を移動させて、既存の言語・文化集団と一致させるというものである。歴史上これは国の統一か分離によって成し遂げられた。統一の例は、一八六〇年代と七〇年代のイタリアとドイツに見られる。分離の例としては、一九一

九年にアイルランド共和国が連合王国を離脱したことや、一九九一年にウクライナが旧ソヴィエト連邦から独立を宣言したことなどがあげられる。

三つめが、マイノリティを既存の民族・言語集団の文化に同化させる道である。フランスは二〇〇年前には多言語の国だったが、やがてパリのフランス語がプロヴァンス語、ブルトン語、フラマン語に取って代わった。同様に、アルゼンチンやアメリカへの移民、とりわけその子どもたちは、スペイン語や英語を習得して主流文化に溶け込み、社会での地位を高めていく。中国は一見したところ民族的に均質であるように思われ、人口の90パーセント以上が漢族だといわれるが、これは三〇〇〇年もかけてマイノリティを文化的・生物学的に同化させてきた結果である。

四つめが、ナショナル・アイデンティティを当該社会の現在の性質に合わせてつくり直す道である。多くのナショナリストの考えとは異なり、「国民」は太古から存在する生物学的存在ではない。人々によって下からも、また権力によって上からも、社会的に構築されたものである。これを構築する者は、人々の性格や習慣に合わせて意図的にアイデンティティをつくる。この一例が、インドを建国したガンディーとネルーだ。彼らは、インド社会のきわめて多様な人々を組み入れる「インドという理念」という既存概念を用いて、その上にナショナル・アイデンティティを築いた。[1] また、インドネシアやタンザニアの建国者は、実質上、新しい国語をつくり出して、きわめて多様性に富む社会を統一しようとした。[2]

ナショナル・アイデンティティを形成するのに最も大きな役割を果たすのが、市民権と在留資格についてのルール、移民と難民に関する法律、学校教育制度のなかで子どもたちに国の歴史を教えるのに使われるカリキュラムである。また、下からのアイデンティティ形成のプロセスでは、自分たちの起源と希望を表現する芸術家、ミュージシャン、詩人、映画制作者、歴史家、一般市民も「国民の物語（stories of peoplehood）」を語る。

　民主主義国でいかに国民が形成されるのかを鮮明に描くのが、映画『インビクタス／負けざる者たち』である。一九九五年に南アフリカがラグビーワールドカップの開催国となったときの物語だ。一九九〇年代はじめにアパルトヘイトのなかから現れた新しい南アフリカは、人種と民族によってはっきりと分断されていた。スポーツでも分裂が見られ、白人はラグビーに関心を向け、黒人はサッカーをプレイしていた。全人種参加の選挙で選ばれた初の大統領ネルソン・マンデラには先見の明があり、国民意識にスポーツが重要であることを理解し、ほぼ白人からなるラグビーの代表チーム、スプリングボクスにあえて黒人の応援を取りつけようとした。みずから議長（党首）を務めるアフリカ民族会議の反対を押し切ってまでそうしたのである。支持者たちに無理強《むりじ》いすることはできず、うまく説得しなければならなかったが、スプリングボクスがこの大会で優勝したこともあと押しとなった。スプリングボクスは、ニュージーランド代表の強豪オールブラックスを破って勝利を収めたのである。ちなみにこのオールブラックスも、各試合が始まる前に先住民マオリの戦いの踊り「ハカ」を踊って、国民の形成に多少なりとも寄与している。

　これら四つの道は、どれも合意に基づいて平和的に成し遂げることもできれば、暴力と強制によって遂行することもできる。いまあるすべての国は、この四つを何らかのかたちで組み合わせた結果生まれた歴史の副産物であり、そこでは強制と合意の両方が用いられた。移民が増え多様性が広がる現在の自由民主主義諸国の課題は、第三の道と第四の道を組み合わせることにある。つまり、多様性に富む社会の現実に合った包摂《ほうせつ》的なナショナル・アイデンティティをつくり、そのアイデンティティに新来者を同化させるという課題である。自由民主主義そのものの存続が、これにかかっている。

EUの試み――「ポストナショナル」なヨーロッパ意識

現在、ヨーロッパ諸国はナショナル・アイデンティティをめぐる問題に苦心しているが、この格闘はEUの生みの親、ロベール・シューマン〔訳注：ドイツにもルーツがあるフランスの元首相、一八八六〜一九六三〕とジャン・モネ〔訳注：フランスの実業家・政治家、一八八八〜一九七九〕から始まった。シューマンとモネは、ヨーロッパがふたつの世界大戦を経験したのはナショナル・アイデンティティを民族に基づいて排他的に定義したためだと理解していた(3)。これへの解毒《げどく》剤として、ふたりは一九五一年にヨーロッパ石炭鉄鋼共同体（ECSC）を設立した。フランス、ベルギー、西ドイツ、イタリア、オランダ、ルクセンブルクからなる機関であり、ドイツの再武装を防ぐとともに、戦争で引き裂かれはしたがかつてはひとつの地域だったヨーロッパで貿易と経済協力を促すことを目的としていた。石炭鉄鋼共同体は段階的に発展し、欧州経済共同体（EEC）を経て最終的にEUとなった。加盟国も徐々に増えて、現在は二十八か国に及ぶ。

シューマンとモネは、「ポストナショナル」なヨーロッパ意識を醸成するために、加盟各国のナショナル・アイデンティティをあえて弱めようとした。そうすることで、二十世紀前半の攻撃的な民族ナショナリズムへの解毒剤としたかったのである。(4) ふたりの願いは、経済的な相互依存が深まれば戦争の可能性は低くなり、政治的な協力もあとに続くだろうというものだった。さまざまな点において、ふたりはきわめて大きな成功を収めたといえる。ふたつの世界大戦で敵対したふたつの主要国、ドイツとフランスがふたたび戦争をする可能性はいまやほとんどない。高い教育を受けたヨーロッパの若者は、いまではどこかの加盟国で生まれ、ほかの国で教育を受けて、また別の国出身の人と結婚し、EU内外のさまざまな場所で働く。出生国の意識は持っているものの、彼らの人生はEU全体と結びついているのである。

しかし、昔ながらのナショナル・アイデンティティよりも、それに代わるべき「ヨーロッパ」のアイデンティティのほうが強いかというと、疑問である。EUの初期には、加盟国レベルでナショナル・アイデンティティを声高に称揚《しょうよう》することは、政治的に受け入れられなかった。とりわけドイツやスペインのようなファシズムの過去を持つ国にこれは当てはまり、国民は国旗を振ったり、国歌を歌ったり、スポーツで国の代表チームを熱狂的に応援したりすることはなかった。彼らにとってヨーロッパはさしあたり国の代わりに目を向ける先になったが、そこは必ずしも望んだ目的地ではなかったのだ。

とはいえ、EUのリーダーたちは、ナショナル・アイデンティティに代わる新しいアイデンティティを構築できる立場にはいなかった。(5) 彼らはヨーロッパをひとつにまとめる市民権を設けることはなく、市民権のルールは各加盟国の手に委《ゆだ》ねられたままだった。シンボルとなる旗や歌ができるのはあとになってからであり、EUの多様なメンバーを束ねる共通の市民教育もなかったのである。ただ、最も重大な欠陥は、EU自体の民主的説明責任に見いだされる。EU内で最も力を持つ機関は欧州委員会であり、これはヨーロッパ内で単一市場を推進することを主な目的とした、選挙で選ばれない専門家集団である。欧州委員会は、各加盟国の代表からなる欧州連合理事会を通じて、間接的に人々に説明責任を負うだけだ。選挙で直接選ばれる欧州議会の力は限られており、それゆえ投票率は低く関心もあまり向けられない。ヨーロッパの人々は、最も重要な選挙はいまでも加盟各国の国政選挙だとわかっていて、もっぱらそこへエネルギーと愛着を向ける。その結果、ヨーロッパ全体を治めるEUのさまざまな機関にはあまり責任を感じずに、自分たちがそれを動かしているという意識もほとんどない。

したがって、「かつてないほど緊密な結びつき」がEU内に見られるとエリートたちが口にしていても、昔ながらのナショナル・アイデンティティの亡霊がディナーパーティの招かれざる客のようにいまだに徘徊《はいかい》しているのが現実である。これはとくに、年齢が上の、教育水準があまり高くない有権者に当てはまる。新しいヨーロッパのおかげで移動がしやすくなっても、その恩恵を受けられない、あるいは受ける気がない人たちだ。ナショナル・アイデンティティの亡霊は決定的に重要な局面において出現し、EU全体を存続の危機に陥《おとしい》れた。

これを鮮明に示したのが、ユーロをめぐる危機だった。ユーロは共通通貨として一九九九年に導入され、二〇〇〇年代の好景気のあいだにギリシャが多額の借入をした。ドイツは充実した福祉国家であり、貧しい国民にすすんで手を差し伸べる国だが、ギリシャに債務不履行の恐れが迫ったときには、それほど寛容ではいられなかった。ギリシャは実際、政府貯蓄、負債、公共部門の利益供与などについて、ドイツとはおおいに異なるアプローチをとっていた。ギリシャの主要債権者であるベルリンは、欧州中央銀行（ＥＣＢ）やＩＭＦの助けを借りてアテネに極端な緊縮財政を強《し》い、この状態はいまも続いている。ユーロ危機は、ユーロ圏の南北加盟国間の深い断絶を明るみに出し、危機以前よりもはるかに国と国の違いが意識されるようになった。

イスラム移民と多文化主義の衝突

だが、さらに深刻な対立が移民と難民の問題をめぐって生じた。一九九〇年代から二〇〇〇年代にかけて、外国で生まれた住民の数がさまざまな理由から劇的に増え始めた。第一に、トルコ、パキスタン、モロッコなど、イスラム教徒が多数を占める国からの出稼ぎ労働者が当初の想定どおりに帰国せず、家族を呼びよせて子どもをつくり、第二の祖国に定住するようになった。冷戦終結後にＥＵは急激に拡大し、東欧からも西側へ大量の移民が流れ込んだ。経済理論が示唆《しさ》するように、労働者がより豊かな国に職を求めたからだ。

ヨーロッパでは、イスラム教国からの移民は、ＥＵのほかの場所からの移民よりも議論を呼ぶのが常《つね》だった。これには複雑な理由がある。単なる人種差別、外国人嫌悪、文化的偏見が理由の場合もあったが、新来者が受け入れ国に「適応」していないことを懸念する人もいた。移民とその子どもたちは自分たちだけで閉ざされた地域に暮らしていて、長年その国で生活していても現地の言葉を話せないというのである。

こうした懸念は、九月十一日のニューヨーク世界貿易センターへの攻撃と、その後ロンドンとマドリードで相次いで実行されたアルカイダによるテロ攻撃のあと、はるかに現実味を増した。これらの出来事を受けて、ヨーロッパ諸国の多くでナショナル・アイデンティティについて激烈な論争が起こる。ヨーロッパ諸国出身のテロリストも多かったからだ。この傾向はとりわけオランダで強く見られた。オランダは、ヨーロッパのなかでもイスラム教徒の移民が人口に占める割合が最も大きい国のひとつである。論争のきっかけとなったのは、同性愛者であることを公表していた政治家ピム・フォルタインが、イスラム教徒の移民締めだしに賛成の意見を述べたことだった。イスラム教徒は彼のような人たちに不寛容であり、オランダの寛容な文化にはなじまないというのがその理由だった。フォルタインは、二〇〇二年五月にラジオ局の前で暗殺される。犯人はイスラム教徒ではなく、動物愛護の活動家だった。しかし二〇〇四年には、オランダの映画監督テオ・ファン・ゴッホが、モロッコ系オランダ人のモハンマド・ボウイェリに殺害された。ボウイェリは、ファン・ゴッホの映画がイスラム教を侮辱《ぶじょく》していると感じて怒りを募《つの》らせたのである。

シリア内戦後にシリアとイラクでＩＳＩＳが登場すると、さらなる暴力の波がヨーロッパを襲った。たとえば、二〇一五年一月にパリで起こったシャルリー・エブド紙襲撃事件、同年に一三〇人の死者を出したバタクラン劇場などの襲撃事件、二〇一六年三月のブリュッセル空港爆破事件、ベルリン、ロンドン、ニース、ニューヨークシティでの、トラックによる歩行者の轢殺《れきさつ》。

シリアの紛争によって、またインターネットを通じて過激な説教師が参加を呼びかけたことで、多くのイスラム教集団が過激化した。

これらの襲撃をきっかけにして、人々の関心が市民権とナショナル・アイデンティティの問題に集中したのは、犯人の多くが攻撃対象となった国の国民であり、移民二世だったからだ。ヨーロッパの多くの国に、受け入れ国にうまく溶け込むことができていない怒《いか》れる移民がいて、その数が増えつつあることが明らかになったのである。しかもその一部は、これらの国が信じる価値に深い憎《にく》しみを抱いているようだった。

ナショナル・アイデンティティには昔から課題があったが、かつての課題はさほど深刻とは思われなかった。多文化主義は、ある意味ではカナダで生まれたといえる。ケベックのフランス語話者が、英語話者に支配された大陸で自分たちの言語と教育を守る法的権利を求めたのである。一九八七年に協議されたミーチレイク協定は、カナダの憲法を改正し、ケベックを「異なる社会」として保護しようとするものだった。これが論争を呼んだのは、集団を平等に承認しないことになるからだ。フランス系カナダ人は、言語に関して英語話者が持たない権利を与えられることになる。この協定は結局、認められなかったが、カナダの連邦主義はフランス語話者と移民にフランス語の使用の権限を与え、ケベックの特別な文化的権利を引き続き保護している。

しかしイスラム教徒の移民によって、ケベックのナショナリストの事例では見られなかったかたちで、多文化主義の限界が試されることになった。ケベックのナショナリストが求めることで最も極端なのは、カナダをふたつの国に分けることだろうが、たとえ分離が実現したとしても、民主主義の価値が根本的に脅《おびや》かされることはない。独立国となったケベックも、質の高い自由民主主義国にとどまるはずだからだ。フランス語話者による文化的要求のなかで、実際に影響が生じるのはせいぜいカナダの言語ルールぐらいであり、フランス語を学び、二か国語で標識を掲げなければならない英語話者にとって面倒だという程度だ。

イスラム教コミュニティの文化的信条や慣習の一部は、必ずしもこのようにはいかなかった。最も極端な例が、自国民に対してテロ行為を働こうとしたイスラム教徒である。あからさまな暴力は、越えてはならない一線を越えており、どの社会でも許される行為ではない。ただ、ほかの慣習に関していえば、事情はより複雑だった。イスラム教徒は、多くの場合、娘の結婚相手を親が決めるが、これは若い女性が自分のパートナーを選ぶ権利と衝突する可能性がある。親の意向に背《そむ》いた人のなかには、名誉殺人の対象になる不幸な者もいた。また、同性婚がヨーロッパ全体に急激に広がるなか、忠実なイスラム教徒の多くは同性愛を否定していた。イスラム教徒の集団は、文化の尊重の名のもとに特別な扱いを要求し、女性や少女を隔離したり、女性が男性の医師や看護師から治療を受けるのを禁じたりすることを求めた。またイスラエルとパレスチナ人の憎《ぞう》悪《お》に満ちた紛争のために、多くのイスラム教徒がある種の反ユダヤ主義を示した。これは第二次世界大戦後、ヨーロッパが慎重に排除しようとしてきたものにほかならない。

二〇〇〇年代には、ヨーロッパ全体で市民権、移民、ナショナル・アイデンティティをめぐる激しい論争が展開されるようになった。市民権は双方向の関係である。市民権を持つことで、国民はさまざまな権利を国家に保護されるが、同時にさまざまな義務も負う。何にも増して、国の理念と法律に忠実である義務を負うことになる。これがとくに大きな問題となるのは、ヨーロッパ諸国の多くに、多額の福祉給付制度があるからだ。社会契約の基本条件を受け入れる気がなさそうな移民に、そうした給付金を与えることに強い反対の声が上がったのである。また、なかには昔の移民集団とは異なり、イスラム教徒は国の文化にうまく同化できないのではと懸念する者もいた。そしてフランスの国民連合、デンマーク国民党、オランダの自由党など、反移民を掲げる右派政党が支持者を増やし、自分たちの要求を受け入れるように主流の政党に圧力をかけた。

ヨーロッパ市民権をめぐる出生地主義と血統主義

その結果、ヨーロッパ諸国の多くが、国籍法を見直すようになり、移民が社会の完全な一員になるための条件を再検討し始めた。移民が同化できないのは移民のせいだけではない。ヨーロッパの多くの民主主義国では、市民権を獲得するのがむずかしい。市民権は、出生地主義か血統主義に基づいて生まれたときに与えられるか、生まれたあとに帰化することで獲得される。出生地主義のもとでは、その国の領土内で生まれた人はだれでも自動的に国民になる。血統主義のもとでは、市民権は血筋によって決まる。(6) アメリカはずっと出生地主義をとっていたが、これがすべての人種を対象に実現されたのは、一八六八年の合衆国憲法修正第一四条によってである。そこにはこうある。「合衆国において出生しまたは帰化し、その管轄権に服するすべての人は、合衆国およびその居住する州の市民である」。同様のルールは、オーストラリアやカナダなど、移民

に対して比較的開かれた態度をとる国も採用している。(7)

ヨーロッパでは、フランスが長年、政治と領土に基づいて市民権を理解してきた。厳密には血統主義を採用してはいるが、帰化の条件は比較的緩《ゆる》く、移民の第二、第三世代はほぼ自動的に市民権を得られる。(8)フランス国籍は従来、共和国、フランス語、フランスの教育への忠誠心によって定義されてきた。一九八三年にセネガルの詩人レオポルド・セダール・サンゴールが権威あるアカデミー・フランセーズの会員になったのも、彼のフランス語文学への貢献が認められたからである。

これとは対照的に、ドイツ、オーストリア、スイス（また日本や韓国などアジアの民主主義国）は、血統主義に基づいた市民権を伝統的に採用しており、帰化はむずかしい。ドイツでは、二〇〇〇年に法律がやや緩和される前は、トルコやほかの中東諸国からの移民第二、第三世代は、ドイツ語を完璧に話せてもかなりの困難を経なければ市民権を獲得できなかった。一方で旧ソ連や東欧圏諸国出身のドイツ系の人は、ドイツ語がまったく話せなくてもドイツ民族であるという証明ができれば帰化できた。(9)日本の市民権と帰化の制度は先進民主主義国のなかで最も厳しい部類に入り、移民も厳しく制限しているため、日本はＯＥＣＤ諸国で最も多様性が低い国のひとつである。(10)

ヨーロッパの各国は、二〇〇〇年代に国籍法の改正を始めた。(11)この改正は、血統主義から離れて、意欲的な移民が無理なく満たせる帰化の条件を設けることで、社会統合を助けた面もあった。新国民には、国の歴史を知り、政治制度を理解して、国語をある程度のレベルで話せることが求められる。しかし、こうした要求があまりにも厳しく課されて、包摂よりも排除を目的としているかのように思われることもあった。たとえば、ドイツのバーデン゠ヴュルテンベルク州では、同性婚を受け入れることが市民権取得の条件とされた。保守的なカトリックの伝統がある州だということを考えると、不可解な条件である。(12)

こうした正式な市民権取得のルールのほかに、あからさまな人種差別や、目に見えにくいそのほかの文化的障壁も同化を阻んだ。(13)「ドイツ人の」、「オランダ人の」、「デンマーク人の」といった形容詞には、つねに民族的な含意《がんい》がついてまわる。グアテマラや韓国で生まれてアメリカに移住した移民は、帰化の宣誓をしたその瞬間から堂々と自分はアメリカ人だと言うことができるが、トルコ系のドイツ国民は、ドイツで生まれてドイツ語を母語にしていても、ドイツ人を自称するのははるかにむずかしい。オランダは寛容な国として知られるが、その寛容さは、個人と個人が結びついてひとつになることによってではなく、さまざまなコミュニティが並立して存在することで確保されている。いわゆる「柱状化《ちゅうじょうか》（verzuiling）」のもと、プロテスタント、カトリック、無宗教者のコミュニティが、長年にわたって自分たちの学校、新聞、政党を維持してきたのである。イスラム教徒が大量にやってくるようになると、その多くはイスラム教のコミュニティに流入し、子どもたちはイスラム教徒の子どもだけの学校に通う。オランダの仕組みは、分断された社会で平和を維持するのにこれまでうまく機能していたが、二十一世紀には、大きく異なる文化を持つ移民の同化を阻んでいるのである。

新たにＥＵに加盟した東欧諸国は、設立時の加盟国に輪をかけて、文化的に異なる背景を持つ新来者を受け入れるのに消極的である。一九四五年以降、ソヴィエトによる占領と共産主義化によって、東欧では社会と政治の発展が停滞した。西ドイツやスペインとは異なり、過去のナショナリズムと向きあうことを強いられることはなく、自由主義の価値を市民に定着させる努力もしなかった。移民受け入れの経験はほぼ皆無で、先進国のなかでは最も多様性の低い部類に入る社会だったといえる。一九八九年以降、東欧諸国は徐々に共産主義を放棄してEU加盟へ向かったが、東欧市民の多くは新しいヨーロッパが体現する積極的な自由主義の価値を受け入れてはいなかった。それゆえハンガリーのオルバーン・ヴィクトルは、ハンガリーのナショナル・アイデンティティはハンガリー人の民族性に基づいていると断言できたのである。この発言は、アドルフ・ヒトラーがドイツ人のアイデンティティはドイツ人の血に基づいていると明言したのと同じだ。東欧の新リーダーたちは、ブリュッセルのEU本部を脅威《きょうい》とみなしたが、その主な理由は、中東とアフリカからの移民にEUが制限なく門戸を開いていたからである。

ヨーロッパのアイデンティティを完全に受け入れることのなかったもうひとつのEU加盟国がイギリスである。EU主要国のなかでもイギリスには、声の大きなEU懐疑《かいぎ》派がずっと前から存在した。懐疑派には、保守党の要人や、ナイジェル・ファラージ率いるイギリス独立党（UKIP）などの比較的新しいグループが含まれる。(14) 二〇一六年六月にEU離脱という予想外の国民投票結果が出たとき、経済に壊滅的な影響が出ることが予想されたが、多くの離脱賛成派有権者にとって問題は、経済ではなくアイデンティティだった。この投票結果は、イングランド人アイデンティティの歴史遺産をふまえて考えることでおそらく理解できる。

イングランドのEU懐疑論は、長年のイングランド例外論に根ざしている。イングランドは一〇六六年にフランスの王朝に征服され、その後数百年の歴史は大陸ヨーロッパと深く絡《から》みあっていた。しかし十六世紀はじめにヘンリー八世がローマ教皇と袂《たもと》を分かち、独自のプロテスタント国教会を創設すると、イングランド人独自のアイデンティティ感覚が根づき始めた。歴史家アラン・スミスによると、

ナショナル・アイデンティティと自分たちが独特であるという感覚はどんどん大きくなり、エリザベス女王の治世に頂点に達した。これは、全英文学作品のなかでも随一の影響力があった作品に見事に表現されている。ジョン・フォックスの『殉教者列伝』（中略）は、プロテスタントのイングランドは神に「選ばれし国」であり、隷属《れいぞく》状態にある大陸のカトリック教徒よりも優れていて、王自身の権威を除くあらゆる権威から独立しているという理論を明確に示した。（中略）これがイングランドとのちにイギリスの国民性の理論となり、それ以降、欧州共同体への加盟によりふたたび外部の権威による決定に国が従属することになる一九七〇年代まで広まっていったのである。(15)

ほかとは違うというこの感覚は、スペイン無敵艦隊を破ったことで、また議会の主権を打ち立てた十七世紀内戦の政治闘争を経験したことで強化された。苦労してようやく手に入れた主権を簡単に手放すわけにはいかない。EU離脱賛成派の語るところでは、大陸ヨーロッパはいまなお

隷属状態にある。今度は教皇や皇帝ではなく、EUに隷属しているというわけだ。

ヨーロッパにおけるナショナル・アイデンティティは現在、控えめに言っても混乱状態にある。EU支持派は、加盟各国のアイデンティティを超えたヨーロッパ全体の強力なアイデンティティ感覚をつくり出すことができていない。加盟国一つひとつの国内のアイデンティティは強固であり、国によって非常に大きく異なる。多様な人々を受け入れられる比較的開かれたフランスのようなものから、意図的に移民の同化を妨《さまた》げようとするハンガリーのようなものまでさまざまだ。ヨーロッパを脅かしているのは移民そのものではなく、移民と文化の多様性への政治的反応である。反移民・反EUに熱をあげる人たちは、多くの場合きわめて不寛容であり、ヨーロッパの繁栄を支えてきた開かれた政治秩序を脅かす。この反動に対処するには、アイデンティティそのものを拒《こば》むのではなく、民主的で開かれたコミュニティの感覚を促すようにナショナル・アイデンティティを意識的に形成することが求められる。

アメリカ移民とナショナル・アイデンティティの歴史

ヨーロッパ諸国と比べると、アメリカには移民受け入れの長い歴史があり、新来者が同化しやすいナショナル・アイデンティティがある。しかし、このアイデンティティは長期にわたる政治闘争の産物であり、この闘いはまだ終わっていない。二〇一六年にドナルド・トランプが大統領に選出されてから、一部の人がこのアイデンティティに厳しく異を唱えている。

トランプは反移民を掲げ、なかでもメキシコとイスラム世界からの移民への反対を選挙戦の中心に据《す》えた。ヨーロッパの反移民派と同じように、トランプの支持者は「自分たちの国を取り戻したい」と主張する。自分たちの国が、いつの間にか盗まれてしまったというわけだ。二〇一七年八月にヴァージニア州シャーロッツヴィルで開催された集会「ユナイト・ザ・ライト・ラリー」では、ネオナチと人種差別集団がともに「血と土」と声をあげ、あえてナチスを彷彿《ほうふつ》させるようにたいまつを掲げて行進した。これを受けて共和党上院議員のベン・サスはこうツイートしている。「これらの人々は、きわめて忌《い》まわしく、アメリカのことをまったく理解していない。この理念の国は〝血と土〟のナショナリズムをはっきりと退けている(16)」

アメリカは理念の国だというサスの考えは、おおいに称賛《しょうさん》に値する。集会で示された醜《みにく》い感情の多くに大統領が共感しているようすがうかがえ、臆病な共和党の政治家たちがそれを批判できないなかでは、とりわけそれが際立つ。しかし、アメリカのナショナル・アイデンティティは長い時間をかけて進化してきた。理念の国としてのアイデンティティは数十年にわたる政治闘争ののちにようやく生まれたのであり、現在でもすべてのアメリカ人が受け入れているわけではない。

『ザ・フェデラリスト』第二篇でジョン・ジェイ〔訳注：アメリカ連邦最高裁の初代長官、一七四五〜一八二九〕は、合衆国憲法案について次のように議論の口火を切った。

神の摂理が、この一つに結び合わされた国土を、一つに結合した人びとに与えることを嘉《よみ》したもうた（中略）。すなわち、彼らは、同じ先祖より生まれ、同じ言葉を語り、同じ宗教を信じ、同じ政治原理を奉じ、その風俗習慣においてきわめて似ている一つの国民であり、一体となって協議し、武装し、努力して、長期に及ぶ血なまぐさい戦争〔独立戦争〕を肩を並べて戦い抜き、全体の自由と独立とを気高《けだか》くも打ち立てたのである〔編注：『ザ・フェデラリスト』斎藤眞、武則忠見訳、福村出版、一九九八年、八頁〕。

ジェイが示すアメリカ人アイデンティティの定義が、いかに具体的で狭いかを見てもらいたい。土台になっているのは、共通の宗教（プロテスタント）、民族（イングランド人の家系）、共通言語（英語）、同じ共和主義政治の理念を信じる気持ちである。革命のときには左派の急進派とみなされていたトマス・ペイン〔訳注：イギリス出身の革命思想家。一七三七〜一八〇九〕ですら、自分たちが結びついているのは「ヨーロッパのすべてのキリスト教徒」だけだと主張していた。トマス・ジェファーソン〔訳注：第三代アメリカ合衆国大統領。「アメリカ独立宣言」の起草者のひとり。一七四三〜一八二六〕は、「スコットランド人」である自分は同じ血を分かち合っているのかと疑問を抱き、ヨーロッパのほかのところからアメリカへ来る移民のことを懸念していた。そうした移民が「若いころに吸収した祖国の政治の考えを」持ち込むのではないか、「あるいは仮にそれを捨て去ることができたとしても、その代わりに節操のない放蕩《ほうとう》に浸るのではないか」というわけだ。(17)

ふさわしくない人間を受け入れることでアメリカの国民性が堕落《だらく》するのではと心配した歴史上の人物は、ジェファーソンだけではない。一八四〇年代にアイルランド人のカトリック教徒が大挙してやってくると、カトリックとアルコールの影響を恐れた排外主義が生まれ、この恐怖心がやがて一九一七年の憲法修正第一八条による禁酒につながった。また、アングロサクソン系プロテスタントのエリートは、ドイツからの移民がアメリカに絶対主義の感覚を持ち込むのではないかと折《おり》にふれて恐れてもいた。この恐怖心は第一次世界大戦にアメリカが参戦したあと頂点に達し、ドイツ系アメリカ人は自分たちの民族的出自を隠そうとした。同じことは多くの南欧・東欧出身の移民にも当てはまる。一八八〇年代に始まった大きな移民の波にのってやってきた人たちだが、この波は一九二四年にジョンソン＝リード法が可決されて出身国によってアメリカ入国が制限されることで止まった。

つまり、多くのアメリカ人が自分たちのことを考える際に鍵となる要素は、宗教と民族だった。しかし理念を軸に据える考えにも同じく歴史的に深い根があり、この見解と競合していた。フランス人移民ヘクター・セント・ジョンことクレーブクールは、一七八〇年代にこう書いている。アメリカは「自由の避難所、未来の国の揺籃《ようらん》の地、困窮《こんきゅう》したヨーロッパ人の逃げ場」であり、そこでは「あらゆる宗派とあらゆる民族が混ざり合っている」。ジョージ・ワシントンも、やがてアメリカ合衆国となる国の政治について、こう理解していた。「裕福で立派な外国人だけでなく、抑圧され迫害されたあらゆる民族と宗教の者たちをも受け入れる」。キリスト教徒との結びつきだけを想像していたトマス・ペインも、ほかのところでは次のように論じている。アメリカは「さまざまな言葉を話すさまざまな民族の人々」から成り立っており、その人たちにとっては、「社会の理念と人間の権利を土台として政府をつくるというただその営みによって、あらゆる困難が消え去り、すべての部分が偽《いつわ》りのない調和のもとひとつにまとまるのである」[18]。こうした考えが、アメリカ合衆国の国章を飾るモットー「ノヴス・オルド・セクロールム（時代の新秩序）」と「エ・プルリブス・ウヌム（多数からひとつへ）」の根底にある。

リンカーンの平等理念

南北戦争は、その根本はアメリカのナショナル・アイデンティティをめぐる戦いだった。南部諸州はアイデンティティと人種をはっきりと結びつけ、白人以外には市民権を与えなかった。そして合衆国憲法制定時の理念を引きあいに出して、各州で民主的に選ばれた多数派には自分たちの望むとおりに奴隷制の採否に投票する権利があり、連邦政府にはこの選択に介入する権利はないと論じた。スティーブン・ダグラス〔訳注：一八六〇年の民主党大統領指名候補。共和党候補のリンカーンに敗北した〕もそうした論者のひとりである。これとは対照的にエイブラハム・リンカーン〔訳注：第十六代アメリカ合衆国大統領〕は、憲法ではなく独立宣言とその「すべての人間は生まれながらにして平等」という主張に訴えた。ダグラスとの討論においてリンカーンは、この平等の理念が州の権利に優先されると論じる。各州の民主的に選ばれた多数派でも、州内に暮らす人々の基本的権利を奪うことはできないというのである。リンカーンは合衆国を維持すべきと主張して国を戦争へ導いたが、真の問題は奴隷制にあり、それが建国時の平等の理念を脅かすと最初から理解していた*。このより広いアイデンティティ理解が、ゲティスバーグ演説でリンカーンが「自由の新たなる誕生（new birth of freedom）」と呼んだものにほかならない。[19]

南北戦争で南部が敗れたことで、アメリカ国民の枠は広がった。憲法修正第一三条によって奴隷制が廃止され、修正第一四条でアメリカ合衆国の領土内で生まれた、あるいはそこに帰化した人はすべて市民であると定義されて（出生地主義）、適正手続きの平等な権利を与えられた。また、修正第一五条により、人種、肌の色、かつての奴隷の身分を理由に投票権の付与を拒むことは禁じられた。恥ずかしいことに、これらの修正条項に示された約束は一〇〇年後の市民権運動の時代まで果たされることはなく、いまでもマイノリティ有権者の参政権を制限しようとする動きによって脅かされている。しかし、人種に基づかないナショナル・アイデンティティの考えははっきりと言語化され、連邦政府がアメリカ人の基本的権利を守る力を持つという考えも明示された。これが、アメリカ人が思い描く自分たちの姿の一部になったのである。

二十世紀なかばには、アメリカはすでにきわめて多様性に富む国となっており、国民を宗教や民族で定義するのは不可能になった。十九世紀終わりから二十世紀にかけて見られた移民の巨大な波のあと、全人口に占める外国生まれのアメリカ人の割合はおよそ15パーセントに達した。彼らやその子どもたちのあまりにも多くが従来の宗教的・民族的カテゴリーからはみ出したため、政治家はかつてのようにアメリカが「キリスト教徒」や「アングロサクソン」の国だとは言えなくなった。ジョン・ジェイがあげた国民の四つの特徴、すなわち共通の宗教、民族、言語、同じ政治理念へのコミットメントのうち、残ったのは後半のふたつ、言語と民主政治への愛着だけである。**

このアイデンティティ理解は、ほぼ二世紀にわたる長い格闘の末に生まれたものであり、人種や民族や宗教に基づいたそれ以前のアイデンティティからの完全な決別を意味した。アメリカ人は、このきわめて重要なアイデンティティを誇ってよい。立憲政治という共通の政治理念、法の支配、民主的な説明責任、「すべての人間は生まれながらにして平等である」という考え（いまは女性もそこに含まれると理解されている）、これらを信じる気持ちに基づいたアイデンティティである。これらの政治理念は啓蒙《けいもう》思想に直接由来しており、すでに多文化になっている現代の自由民主主義国をまとめあげるのに唯一、土台になりうるものである。

＊リンカーンは、二期目の大統領就任演説でこう言っている。「全人口の八分の一は有色人種の奴隷であり、合衆国全体にちらばっているのではなく、南部に集中しています。こうした奴隷が、独特の大きな問題となっていたのです。みんなこの問題が何らかのかたちで戦争の原因だとわかっていました」

＊＊英語はいまでもアメリカ人のアイデンティティを統合する重要要素であり、それゆえ公立学校でのバイリンガルやマルチリンガルのプログラムには異論も多い。これがサス上院議員の言う「理念」に基づいたアメリカ人アイデンティティ理解である。

アイデンティティ理解の逆戻り

左右両派に顕著《けんちょ》に見られるようになった「アイデンティティの政治」には、深刻な問題がある。というのも、かつて大きな代償を払って克服した、人種、民族、宗教など、固定された性質に基づくアイデンティティ理解に逆戻りしているからだ。

左派では、狭く限定された「アイデンティティの政治」を支持する人が、アメリカのアイデンティティはその多様性そのものにあり、われわれは多様性においてひとつになっているのだと論じる。また、アメリカはあまりにも多様すぎてナショナル・アイデンティティを持つことなどできないので、それについてあれこれ心配すべきではないと言う人もいる。近年台頭したポピュリスト的なアイデンティティ理解をふまえて考えたら、多様であることが良いことだという考えに人々が向かうのは理解できる。アメリカが多様性に富む社会であるのは事実だ。しかし多様性そのものはアイデンティティの土台にも多様性自体の土台にもならない。多様性がアイデンティティだと言うのは、アイデンティティを持たないことがアメリカのアイデンティティだと言うようなものだ。あるいは、われわれには共通のものが何もないことを受け入れ、その代わりに民族や人種を単位にした狭いアイデンティティを強調しようと言っているのと変わらない。

右派の側では、人種や宗教に基づいた以前のアイデンティティに退行している人がいる。共和党の元副大統領候補サラ・ペイリンはかつて、「ほんとうのアメリカ人」は小さな町や地方に暮らす人たちだと言った。大都市の多様な人々を排除しようとする発言である。そしてドナルド・トランプがこの見解をこれまでにない次元にまで盛り上げ、ふたたびアメリカを民族や宗教に基づいて理解するように主張する醜悪《しゅうあく》なポピュリスト・ナショナリズムを呼び起こした。二〇一六年のある選挙集会で、トランプはこう発言している。「唯一、大切なのは国民の統合だ」。なぜなら、「よそ者には何の意味もないからだ」[20]。これが実際に意味するのは、「ほんとうの国民」が

「よそ者」を追い出したり、市民生活から「よそ者」を無理やり排除したりするということであり、これは国の統合ではなく内戦に向かう道にほかならない。

近代民主主義の理論家の多くが、民主主義の考えをただ受動的に受け入れるだけではこの制度を機能させることはできないと論じてきた。民主主義国では、国民の側がある程度の積極的な徳を持つことも求められるのである。とりわけアレクシ・ド・トクヴィル〔訳注：フランスの政治思想家、一八〇五〜五九〕は、民主主義社会では人々がもっぱら自分自身と自分の家族の幸福のことばかり考えがちだと警鐘を鳴らす。トクヴィルによると、民主主義をうまく機能させるには、愛国心があり、豊富な知識を持ち、活動的で、公共心があり、政治問題にすすんで参加する国民が求められる。分裂の時代である現在では、開かれた心を持ち、自分とは違うものの見方に寛容で、民主的に合意に達するために妥協して自分の意見を曲げる心構えがある、ということもつけ足していいかもしれない。

サミュエル・ハンチントンは、アメリカが国として成功するには理念に基づいた最低限のアイデンティティ理解だけでなく、文化的規範や徳も求められると論じた数少ない現代政治思想家のひとりである。よく知られているように、著書『分断されるアメリカ』でハンチントンはこう論じている。「十七世紀と十八世紀にアメリカに入植したのがイギリスのプロテスタントではなく、フランス、スペインまたはポルトガルのカトリック教徒だったら、今日のアメリカがあっただろうか？　答えは、ノーである。それはアメリカではなく、ケベックやメキシコやブラジルになったであろう[21]」

ハンチントンは人種差別主義者だと非難され、最近では学問の世界でのドナルド・トランプのさきがけとして批判されてきた。[22]しかしハンチントンの主張を正しく理解すれば、たとえ彼が示す移民政策には同意できなくても、彼が人種差別主義者だという批判はあたらないことがわかる。

ハンチントンは、アングロサクソン系プロテスタントだけがアメリカ人の資格を持つという意味で、イングランドのプロテスタントがアメリカ人アイデンティティの土台だと論じたのではない。彼が言おうとしていたのは、イングランドのプロテスタント入植者が、のちにアメリカが民主主義国として発展し成功するのに欠かせない文化を持ち込んだということである。重要なのは文化であり、そこに参加する人たちの民族的・宗教的アイデンティティではない。わたしの考えでは、彼の見解は紛《まぎ》れもなく正しい。

ハンチントンが強調する文化の一要素が、「プロテスタントの」労働倫理である。データで見ると、アメリカ人は世界のほかの国の人たちよりもはるかによく働く。多くのアジア人には劣るが、それでもほとんどのヨーロッパ人よりは勤勉だ。[23]歴史を見れば、たしかにこの労働倫理の起源は、初期にアメリカへ入植した者たちのピューリタニズムにあるのかもしれない。しかし、いまのアメリカで一生懸命働いているのはだれだろうか？　おそらく韓国人の食料品店主、エチオピア人のタクシー運転手、メキシコ人の庭師といった人たちであり、自分のカントリークラブからの配当金で暮らすイングランド系プロテスタントの子孫では必ずしもない。文化の歴史的起源がどこにあるかを知っておくのはいいが、この文化は特定の民族や宗教から切り離されて全アメリカ人の共有財産になったことも認識しておく必要がある。

メキシコ人移民は、結局のところイングランド系プロテスタントの価値観と習慣に同化できないのではとハンチントンは不安を示すが、そんなことはないとわたしは思う。これまでの経験をふまえて考えると、この不安はやがて解消されるだろう。ただ、多文化主義と「アイデンティティの政治」についてのいまの理解が、同化を不必要に阻む壁になっているというハンチントンの懸念はもっともだ。この障壁は、前の世代の移民には存在しなかった。

問題は、アメリカ人が民族的・宗教的なアイデンティティ理解へ立ち戻るべきか否かではない。いまのアメリカは――また、文化的に多様な民主主義国としてこの先も生き残りを図る国はすべて――理念の国であることを宿命づけられている。ただ、それに加えて、民主主義を機能させるには、特定の集団に紐《ひも》づけされていない積極的な徳も必要だ。いまの時代にアイデンティティを人種、民族、宗教と結びつけるのは間違っているが、うまく機能する民主主義国のナショナル・アイデンティティには、ただ理念を受動的に受け入れるだけではなく、さらなる何かが求められるのである。そこでは市民としての自覚を持ち、一定の徳を行動に移すことが求められる。民主主義の成功にとって、「理念のアイデンティティ」は必要条件だが十分条件ではない。

第14章

何をすべきか

WHAT IS
TO BE DONE?

現代社会のアイデンティティをめぐる混乱

　われわれは、アイデンティティや「アイデンティティの政治」から逃れることができない。アイデンティティは、チャールズ・テイラー〔訳注：カナダの政治哲学者〕の言う「現代へと伝わった力強い道徳的理想」であり、国境や文化を超えて、テューモスという普遍的な人間心理の上に成立している。この道徳的理想によると、認識されていないほんものの内なる自己が人間にはあり、外部の社会はすべて間違っていて抑圧的である可能性がある。この理想は、尊厳の承認を求める人間生来《せいらい》の傾向に焦点を当て、その承認が得られないときに生じる憤《いきどお》りを表現する言葉を提供してきた。

　尊厳の要求を消し去ることは不可能であり、望ましくもない。この要求が火花となって、フランス革命からチュニジアの侮辱《ぶじょく》を受けた露天商についての抗議まで、数々の抗議行動に火がついたのである。これらの人々は大人として扱われることを求めた。つまり、自分たちに威張《いば》りちらす政府に影響力を持つ大人として扱われることを要求したのである。自由民主主義国は、自由において平等な諸個人の権利を中心に成立している。言いかえるなら、自分たちの集団的政治生活を決定するにあたって、それぞれが同じ程度の選択の力と行為者性を持つ諸個人を中心に成り立っているのである。

　しかし多くの人は、ただ人間一般として平等に承認されるだけでは満足しない。民主主義国の国民として享受《きょうじゅ》する権利は、独裁のもとに暮らしていたらそのありがたさがとてもよくわかるが、民主主義が確立されるとやがて自明視されるようになる。いまの東欧で育っている若者は、親の世代とは異なり共産主義のもとで暮らした経験がなく、自分たちの自由はあたりまえだと感じている。そのため、彼らはほかのことに注意を向けられる。開花することを阻《はば》まれている隠された潜在能力や、自分たちの足を引っぱる周囲の社会規範や制度などに目を向けられるのである。

また、自由民主主義国の国民であるからといって、実際に政府やほかの国民から平等な尊敬をもって扱われるわけではない。みんな肌の色、ジェンダー、出身国、見た目、民族、性的指向によって判断される。各個人と各集団の軽蔑《けいべつ》の経験はそれぞれ異なり、それぞれが自分の尊厳を求める。こうして「アイデンティティの政治」が動力となり、それぞれ不当な扱いを受けた「生きられた経験」をもとにした小さな集団に社会がどんどん分かれていく。

アイデンティティをめぐる混乱は、現代世界での暮らしに必ずついてまわる。近代化とは絶えず変化し混乱を生じさせることであり、かつて存在しなかった選択肢が開けることを意味する。この流動性は、おおむね望ましいことだ。数世代にわたって何百万もの人が、選択肢を求めてそれがない村や伝統的社会を逃れてきた。

しかし、近代自由主義社会にある選択の幅の広さと自由のせいで、人々は不幸だと感じたり、ほかの人たちとつながっていないと感じたりすることもある。そして、自分たちが失ったと考える、あるいは先祖がかつて持っていたとされる共同体や体系立《だ》った生活を懐《なつ》かしむ。彼らが求めるのは、自分をほかの人たちと結びつけるアイデンティティだ。指導者は、自分たちはいまの権力構造のなかでは裏切られ軽んじられているが、重要な共同体の一員であり、ふたたびその偉大さが認められるときがくると論じて人々を惹《ひ》きつける。

現代民主主義国の多くが、重要な選択を迫られている。各国は経済と社会の急速な変化に対応しなければならず、グローバリゼーションの結果、社会ははるかに多様になった。こうした状況のなか、以前は主流社会のなかで顧《かえり》みられることのなかった集団が承認を求めるようになっている。しかし、これらの集団に取って代わられた集団は、自分たちの地位が低くなったと感じており、これが憤りの政治と反動につながった。どちらの側もきわめて狭いアイデンティティに引きこもり、そのせいで社会全体として話し合い集団行動を起こす可能性が脅《おびや》かされている。この道の先には、最終的に国家の崩壊と破綻《はたん》が待ち構えている。

しかし、このような現在のアイデンティティの性質は変えることができる。なかには、アイデンティティは生物学的な要素に根ざしているので手を加えることはできないと思い込んでいる人もいるかもしれないが、近代は複数のアイデンティティを持つことを人に強《し》い、そのアイデンティティはさまざまなレベルでの社会交流を通じて形成される。人種、ジェンダー、職場、教育、姻戚《いんせき》関係、国籍などによってアイデンティティが定義されるのである。多くのティーンエイジャーにとってアイデンティティは、自分や友だちが聴く音楽のサブジャンルを中心に形成されることもある。

「アイデンティティの政治」の論理によって、社会が小さく自己本位的な集団に分割されるのなら、もっと広く統合的なアイデンティティを創出することもまた可能なはずだ。個人の潜在能力と「生きられた経験」を否定することなく、価値観と目標を多数の市民と広く共有することは可能である。エアレープニス（Erlebnis＝体験）が集まってエアファールング（Erfahrung＝経験）になることはありうる。「生きられた経験」が普通の経験になることはありえるのである。現代の世界に生きるわれわれは、「アイデンティティの政治」から逃れることはできないが、それでも軌道修正をして、互いに尊厳を尊重しあうもっと広い形態のアイデンティティに戻すことはできる。それが民主主義をよりうまく機能させるのである。

アイデンティティを具体的な政策に移し替えるには？

それではいま、こうした抽象的な観念を具体的な政策に移し替えるにはどうすればいいのだろうか？　まず、アイデンティティの主張を駆《か》り立ててきた具体的な不正を正すところから始めればよい。マイノリティに対する警察の不当な暴力や、職場・学校・その他機関での性的暴力とセクシュアル・ハラスメントなどだ。「アイデンティティの政治」の弊害を批判するときには、具体的な解決策を必要とする喫緊《きっきん》の問題が現実にあるのを否定してはならない。

そのほかにも、小さな集団を信頼と市民権の土台となる全体に統合するという、さらに大きな課題もある。現代自由民主主義の基本理念に基づいた「理念のナショナル・アイデンティティ」の形成を促し、新来者をこのアイデンティティに慎重に同化させる公共政策を実施する必要があるのだ。自由民主主義には独自の文化がある。それを民主主義の価値を否定する文化よりも重んじなければならない。

過去数十年にわたって、ヨーロッパの左派が支持するようになった多文化主義は、移民を国の文化に統合することが重要であるにもかかわらずそれを軽んじてきた。反人種差別の旗印《はたじるし》のもと、同化がうまくいっていないことから目を逸《そ》らしてきたのである。また新しい右派のポピュリストは、色あせつつあるかつての国の文化を懐かしく振り返る。民族と宗教に基づいていて、移民や大きな多様性がほとんど見られない文化である。

アメリカでは、「アイデンティティの政治」が左派を一連のアイデンティティ集団に分割し、そこが最も活発な政治活動家の拠点となった。かつて最大の拠点だったアイデンティティ集団である白人労働者階級とは、多くの面でつながりを失ってしまった。ここから、自分たちのアイデンティティが脅かされていると感じる右派のポピュリストが台頭し、それを扇動《せんどう》する大統領が、大きな怒りと対立を掻《か》き立てることで個人的な虚栄心を満たしている。

ヨーロッパの課題に取り組むには、まず国籍法に体現されたナショナル・アイデンティティを再編するところから始めなければならない。理想を言うなら、EUが統一市民権をつくるべきだ。自由民主主義の基本理念を遵守《じゅんしゅ》することを土台とし、各国の国籍法に取って代わるものである。過去にはこれは不可能であり、大陸全体でポピュリスト政党が力を増すいまはさらに困難であろう。EUが欧州委員会から欧州議会へ権力を移行して民主化し、また、適切なシンボルやナラティブ（物語）を創出したうえで共通の教育制度を通じてそれを浸透させてヨーロッパ人のアイデンティティ形成に力を注ぎ、失われた時間を取り戻そうと試みれば、役には立つかもしれない。しかしこれも、二十八の加盟国からなる連合にとっては実現困難である可能性が高い。各国はやはり自分たちの国の特権を後生大事《ごしょうだいじ》に守っており、こうしたプログラムの導入に拒否権を行使しようと手ぐすねを引いている。したがって、何らかの行動を起こすにあたっては、良くも悪くも加盟国レベルで動かなければならない。

ＥＵ諸国の国籍法はいまなお血統主義に基づいているが、これを出生地主義に変えて、特定の民族集団をほかより特別扱いしないようにすべきだ。新国民の帰化に厳しい条件を課すのはきわめて正当であり、アメリカも長年そうしてきた。アメリカでは新国民は、五年間継続して居住していたことを証明したうえで、基本的な英語を読み、書き、話すことができ、アメリカの歴史と政治を理解し、道徳的な人格を持ち（つまり犯罪歴がなく）、合衆国憲法の理念と理想への愛着を示すことが求められる。最後のものについては、アメリカ合衆国への忠誠を誓う帰化宣誓によって行われる。

> 誓ってここに宣言します。わたしは、以前に臣民《しんみん》あるいは市民だったいかなる外国の君主、支配者、主権への忠誠心も忠節も、絶対的かつ完全に放棄し捨て去ります。そして、アメリカ合衆国の法律と憲法を国内外のあらゆる敵から守り支持します。それに、真の信頼と忠誠心を持ちます。法律で求められたときには、合衆国のために武器をとります。法律で求められたときには、合衆国の軍で非戦闘の奉仕を行います。法律で求められたときには、文《ぶん》

民《みん》の指示のもと国にとって重要な仕事に従事します。そしてわたしは、この義務を自分の意思で、いかなる心の留保も忌避《きひ》の意図も持たずに受け入れます。それゆえ神よ、わたしをお救いください。(1)

移民が増えるのにともなって、現在、二重国籍が広まりつつある。頻繁《ひんぱん》に移動したり、異なる国に家族がいたりする人たちの多くにとって、複数のパスポートがあるのはとても便利だ。しかしナショナル・アイデンティティを真剣に受け止めるなら、これはいささか問題のある慣行である。異なる国には異なるアイデンティティと異なる利害があり、忠誠の対立を生む可能性があるからだ。最もわかりやすいのが兵役の問題である。ある人がふたつの国籍を持ち、その両国が戦争をした場合、その人の忠誠心には自動的に疑問が投げかけられる。世界のほとんどの場所で戦争の可能性が減っているので、この問題には意味がないと思われるかもしれないが、残念ながら軍事紛争が将来起こらないと想定することはできない。また、仮にそのような不測の事態が起こらなくても、二重国籍は深刻な政治問題を生む。たとえば、二〇一七年のドイツ連邦議会選挙では、トルコの独裁的大統領レジェップ・タイイップ・エルドアンが、トルコ系のドイツ国民に、ドイツにとって最善と思われる政治家に投票するのではなく、トルコの利害に好意的な政治家へ投票するよう促した。両国の国籍を持つ人は、トルコへの忠誠を放棄すると誓った人よりも、投票に困難を覚えたはずだ。(2)

市民権獲得の正式な条件を変更するのに加えて、ヨーロッパ諸国は、ナショナル・アイデンティティについての一般的な理解を民族に基づいたものからほかへ移行させる必要がある。二〇〇〇年代はじめに、シリア系ドイツ人の政治学者バッサム・ティビが「ライトクルトゥーア(Leitkultur)」――すなわち「指導的文化」という概念をドイツ人のナショナル・アイデンティティの土台として提唱した。(3) ライトクルトゥーアは、自由主義的啓蒙《けいもう》の観点から、平等と民主主義の価値を信じる気持ちと定義される。しかしティビの提案は、これらの価値がほかの文化の価値よりも優れていると示唆《しさ》しているとのかどで、左派から攻撃を受けた。左派はティビを攻撃することでイスラム主義者を、さらにはいまなお民族のアイデンティティを信じる右派をも、はからずとも力づけることになった。ドイツには、まさにライトクルトゥーアのようなものが必要である。トルコ人が自分のことをドイツ人だと言えるように規範を変化させることが求められているのだ。この変化は起こり始めてはいるが、足どりは鈍い。(4)

いずれは、全ヨーロッパのアイデンティティのようなものが現れるのかもしれない。おそらくこれは、現在のEUをつくる鈍重《どんじゅう》で官僚的な意思決定構造の外部で起こる必要がある。ヨーロッパの人々は、驚くべき文明をつくりあげた。これは誇ってしかるべきである。ほかのさまざまな文化からやってきた人たちが、自分たちの独自性を意識したまま受け入れられる文明である。

ヨーロッパと比べると、アメリカは移民に対してははるかに広く門戸を開いてきた。移民受け入れの歴史が長く、早くから理念のアイデンティティを発達させたからだ。アメリカはヨーロッパよりも帰化した国民を誇りにしていて、帰化の式典を大々的に開催するのが普通であり、そこでは旗手（カラーガード）たちが旗を振って、地元の政治家が希望に満ちたスピーチをする。政治学者シーモア・マーティン・リプセットが指摘するように、アメリカでは「アメリカ的でない」として非難される人がいるが、同じ意味でデンマークや日本で「デンマーク的でない」、「日本的でない」と言われる人はいない。アメリカ主義は民族ではなく一連の理念と生活様式から成り立っているのだ。人は理念や生活様式から逸脱《いつだつ》することはあるが、民族から逸脱することはそもそもありえない。

いま必要なのは、南北戦争後に現れた理念に基づくナショナル・アイデンティティをふたたび強調し、左右両派の攻撃から守ることである。右派の側では、新しく現れた白人ナショナリストが国をふたたび人種、民族、宗教に基づいたアイデンティティへ引きずり戻そうとしている。ベン・サスが言うように、こうした見解はアメリカ的でないとしてきっぱりと退けなければならない。

左派の側では、「アイデンティティの政治」がアメリカ国民の物語の正統性を崩そうとしてきた。不当な差別を強調し、人種・ジェンダーによる差別や、そのほか体系的に人を排除する仕組みがアメリカのＤＮＡに組み込まれていると論じてきたのである。たしかにこうした特徴はいまもすべてアメリカ社会に見られ、われわれはこれに立ち向かう必要がある。しかし、進歩的な物語を語ることもできる。障壁を乗り越え、国が尊厳を認める国民の輪がどんどん広がるという建国の理念に基づいた物語だ。この物語は、エイブラハム・リンカーンが構想した「自由の新たなる誕生」の一部であり、リンカーンがつくった祝日である感謝祭にアメリカ人が祝っているものでもある。

多様性に開かれた「理念のアイデンティティ」構築へ

アメリカは多様性から恩恵を受けてきた。しかし、多様性そのものを中心としてナショナル・アイデンティティを構築することはできない。アイデンティティは、立憲主義、法の支配、人間の平等といった中身のある理念と結びついていなければならないのである。アメリカ人はこれらの理念を尊重しており、アメリカがこれらを否定する者を国民から排除するのは正当化される。

現代社会はすでに多様性に富んでいる。その多様性に開かれ、それにふさわしい理念のアイデンティティを国がつくったら、移民をめぐる論争の性質は必然的に変わるだろう。ヨーロッパでもアメリカでも、現在の議論は二極化している。一方で右派が、移民の受け入れを完全にやめて、いまいる移民を出身国へ送り返すことを求めており、他方で左派は、自由民主主義諸国には移民をほぼ無制限に受け入れる義務があると主張している。しかし、ほんとうに力を注ぐべきは、理念に基づいた国のアイデンティティに移民をよりよく同化させる戦略である。うまく同化した移民は、どこでも社会に健全な多様性をもたらし、社会は移民の恩恵を完全に享受《きょうじゅ》できる。うまく同化していない移民は国の足を引っぱり、場合によっては安全保障上の脅威《きょうい》にもなる。

ヨーロッパ諸国は、もっとうまく同化を進める必要があると口先では言うが、効果的な政策を実行してそれを実現することはできていない。この点について、どのような改革が求められるかは国によって大きく異なる。ヨーロッパの各国は、この問題に非常に異なるアプローチで臨んでいるからだ。多くの国が、同化を積極的に妨《さまた》げる政策を実行している。オランダの柱状《ちゅうじょう》化がその一例だ。イギリスやほかの多くのヨーロッパ諸国は、キリスト教やユダヤ教の学校を支援するのと同様に、イスラム教の学校にも公的資金を提供している。これは、ただ単に移民コミュニティが地理的に集中していることを反映したものともいえ、平等な待遇の名のもとになされている。しかし、もし同化を目標とするのなら、標準化されたカリキュラムを教える共通の学校システムに構造全体を転換すべきだ。オランダの場合と同様に、政治的にこれが実現可能と考えるのは無理があるが、国が統合を真剣に考えるのなら、必要となるのはこの種のアプローチだろう。(5)

フランスでは、問題はやや異なる。フランスの共和主義的な市民権概念は、アメリカのものと同様に理念に基づいており、フランス革命から生じた自由、平等、友愛の理想を中心に成立している。一九〇五年の「ライシテ」法（政教分離法）によって教会と国家が正式に分離され、イギリスやオランダのように公的資金で宗教的学校を運営することはできない。(6)フランスの問題には三つの要素がある。第一に、フランスの法律がどうであろうと、フランス社会には差別がたくさん残っており、移民はチャンスを奪われている。第二に、フランス経済は長年停滞していて、全体の失業率は隣国ドイツの二倍にのぼる。フランス人の若者全体の失業率が25パーセントなのに対して、フランスに暮らす移民の若者の失業率は35パーセントだ。フランスが移民を同化させるのに重要となるのが、たとえばエマニュエル・マクロンがやろうとしてきたような施策である。労働市場を自由化し、彼らに仕事を与えて未来によりよい希望を持てるようにするものだ。最後に、フランスのナショナル・アイデンティティとフランス文化という考えそのものが、イスラム嫌悪だとして批判されてきた。左派の多くにとっては、同化自体が政治的に受け入れられないのである。しかし、普遍的な市民権という共和主義の理想を守る仕事は、国民連合のような政党だけに任せておくべきではない。

アメリカでは、同化の課題はまず公教育に見いだされる。アメリカでは公民科教育が長期的に衰退しており、これは移民だけでなく本国で生まれたアメリカ人にとっても同じである。この傾向を逆転させなければならない。ヨーロッパと同じでアメリカにも同化を阻む政策がある。たとえば、ニューヨークシティの公立学校では十三もの言語で教育が行われている。バイリンガルやマルチリンガルのプログラムは、非母語話者が英語を習得するスピードを速めるとうたわれてきた。しかし、実際に英語習得に成果をあげているか否かと関係なく、それ自体に支持者がつき、教育官僚が自分たちの利権を守るようになっている。(7)

移民の同化には、さらに積極的な手段が求められるのではないか。ここ数十年で、アメリカやほかの先進民主主義国の法廷は、国民と外国人との区別を徐々に緩《ゆる》めてきた。(8) 外国人も数多くの法的権利を享受していて、これはそうあってしかるべきだ。たとえば、適正手続きの権利、言論の自由、結社の自由、信仰の自由、教育などさまざまな国のサービスを受ける権利などである。また義務も国民と分かちあっており、法律に従って税金を納めることが求められている。ただ、アメリカでは陪審員を務める義務を負うのは国民だけだ。合法的な外国人と不法滞在者との区別はより明確で、不法滞在者は強制送還されるが、不法滞在者にも適正手続きの権利はある。主要な権利のうち、国民のみが持つのは投票権だけである。それに加えて、国民は自由に出入国でき、海外に旅するときには政府から支援を受けられる。

わずかな違いかもしれないが、これらは重要だ。基本的人権はすべての人にあまねく与えられるが、国のコミュニティの一員となり、そのコミュニティのルールを受け入れることで、その報《むく》いとして国家権力が積極的に守る諸権利を完全に享受できるようになるのである。なかでも投票権は重要だ。それによって、個人が国家の権力を分かち持つことができるからである。人間としてのわたしには、市民権と政治参加の抽象的な権利があるかもしれないが、アメリカ国民であるわたしは、たとえイタリアやガーナに住んでいたとしても、それらの国で投票することはできない。

現代の自由民主主義諸国は、国民の権利、とりわけ投票権を守る見返りに、あまり多くのことは求めない。国民共同体の感覚を強めるには、国民としての奉仕を全員に求めるのが役立つかもしれない。そのような義務があれば、市民権を持ち続けるには献身と犠牲が必要であることが強調されるだろう。兵役に就《つ》くことで、あるいは民間人として奉仕することで、この義務は果たされる。実のところこれはアメリカの帰化宣誓にも記されており、そこでは、法律で求められたときには国のために武器をとる、あるいは民間人として奉仕する意志を持つことが要求されている。もしそのような奉仕活動が適切に制度化されたら、現在の兵役と同じように、非常に異なる社会階級、地域、人種、民族の背景を持つ若者たちがともに働くことになる。また、犠牲をともにするほかの行為と同じように、新来者を国民文化に統合する強力な手段にもなるだろう。国民としての奉仕活動は、古典的共和主義の現代版になるはずだ。ただ国民が自分たちの個人生活を好きなように追求できるようにするのではなく、徳と公共心を涵養《かんよう》する民主主義のかたちになるだろう。

移民の同化のための改革

政策の焦点を同化に置くと、移民の数と変化の速度がヨーロッパでもアメリカでも重要になる。移民の数が地元住民との関係で相対的に増えると、主流文化への同化ははるかにむずかしくなる。また移民コミュニティが一定の規模になると、自分たちだけで自己完結して外の集団とのつながりを必要としなくなる。公共サービスに大きな負荷がかかり、彼らの世話をする学校やその他の公的機関がフル稼働しなければならなくなるかもしれない。長期的に見ると、移民は公共財政にプラスの影響を与える可能性が高いが、これは彼らが職を得て、納税する国民あるいは合法的な外国人居住者になって初めて実現する。新来者の数が多くなると、その国で生まれた国民に手厚く与えられていた福祉給付が減らされるかもしれない。この問題は、ヨーロッパでもアメリカでも、移民をめぐる論争のなかで争点となってきた。

自由民主主義国は、経済的にも文化的にも移民から多くの恩恵を受ける。しかし、各国には国境を管理する権利も当然ながらある。民主主義の政治体制は、政府と国民の契約に基づいて成立しており、そこでは双方が義務を負う。市民権の範囲を制限し、参政権を行使しなければ、そのような契約は意味をなさない。すべての人には市民権を持つ基本的人権があり、世界人権宣言でもこの権利はほしいままに奪われてはならないとされている。しかしだからといって、だれもが好きな国の国民になる権利を持つわけではない。それに、国際法は国が境界線を管理したり、市民権に条件を設けたりする権利を否定してはいない。[9] 難民は同情、思いやり、支援を必要とする。しかしあらゆる道徳的義務と同じで、これらを与える義務は、実際面での制約から制限せざるをえない。資源が限られていたり、競合する優先事項がいくつもあったり、支援プログラムを継続的に実施することが政治的に困難だったりするからだ。

ヨーロッパにとってこれが意味するのは、EU全体として外部との境界線をいまよりもうまく管理する必要があるということである。実際問題としては、イタリアやギリシャなどに物質面での支援と強い権限を与えて、ヨーロッパへの移民流入を規制することを意味する。これを担当する組織、欧州対外国境管理協力機関（FRONTEX）には人員と資金が不足しており、移民流入を防ぐのに最も高い関心を持つ加盟国からの政治的支援もあまりない。ヨーロッパと外部の境界線の問題が何らかのかたちで解決されなければ、域内を自由に移動できるシェンゲン協定の体制を政治的に維持するのはむずかしい。

アメリカの状況はやや異なる。長年、アメリカでは移民関連法律の執行に一貫性が見られなかった。法律を厳しく執行することは不可能ではないが、これは政治的な意志の問題である。オバマ政権のもとで強制送還の数は増え始めたが、これはしばしば恣意《しい》的であり、長期的に持続させられる政策にはなっていない。法を執行するのに、国境を隔《へだ》てる壁をつくる必要はない。そもそも不法滞在者の圧倒的多数は、合法的に入国し、ビザの期限が切れたあともとどまっている人たちである。よりよくルールを守らせるには、不法滞在者の雇用主に制裁を科す仕組みが必要であり、それには合法的に国に滞在している者を雇用者に知らせる全国規模の身分照会システムが求められる。こうした動きが見られないのは、移民が提供する安価な労働力から利益を得ている雇用者があまりにも多く、彼らは法律を守らせる役割を担いたくないからだ。また、全国規模の身分照会システムに反発するアメリカ独自の傾向も、これを実現するのを阻んでいる。アメリカでは左派も右派も政府に懐疑《かいぎ》的なのである。

この結果、アメリカには現在一一〇〇万～一二〇〇万人の不法滞在者がいる。その圧倒的多数は長年アメリカで暮らし、役に立つ仕事をして家族を養っていて、不法滞在であることを除けば法律を遵守する市民として行動している。入国に際してアメリカの法律を破ったからといって、彼ら全員が犯罪者だと考えるのはばかげている。たしかに、なかには犯罪者もいるが、これはアメリカで生まれた者の場合も同じだ。また、アメリカがこれらの人々をすべて国から追い出し、出身国へ送還できると考えるのも同じくばかげている。それほどの規模の計画は、スターリンのソ連やナチスのドイツの計画に匹敵する。

それゆえ、しばらく前から移民制度改革についての取引が模索されてきた。この取引は、政府が国境管理のために厳しい法執行措置をとる代わりに、犯罪歴のない不法滞在者に市民権獲得の道を提供するというものである。(10) この取引には、実際にアメリカ人の過半数の賛同を得られる可能性があるが、強硬な移民反対派はいかなる形態の「恩赦《おんしゃ》」にも断固として異を唱え、移民支持派は既存のルールを厳しく適用することに反対する。アメリカ政治システムの二極化と機能不全によって、この取引は長年のあいだ実現されずにきた。わたしはほかの本で、この種の例をアメリカの「拒否権政治（vetocracy）」と名づけた。(11) 少数派の見解が多数派の合意をやすやすと阻んでしまう状態のことである。

アメリカが移民の同化に真剣に取り組もうとするのなら、ここに述べたようなかたちで移民制度を改革する必要がある。アメリカの市民権を獲得し、帰化の宣誓をすることが同化には欠かせず、同化の明確な印《しるし》となる。不法滞在者に市民権獲得の道を用意すると、アメリカの法律を犯した者に報酬を与えることになり、帰化を求める合法的な外国人に不公平だと異を唱える人もいるだろう。しかし、奉仕活動を義務とすることで、そうした懸念を和らげることができるのではないだろうか。生産的で平和に暮らす何百万人もの不法滞在者をいずれ出身国へ強制送還しようと想像をめぐらすことで、国は同化を不必要に阻んでいるといえる。また、アメリカはいまある法律を守らせることができておらず、そのためにこの問題は今後も解消されないだろう。

ポピュリストに対抗しうる公共政策

外国人をうまく同化させることに焦点を置く公共政策を実施すれば、現在、ヨーロッパとアメリカで急激に勢いを増しているポピュリストに対抗できるかもしれない。声高に移民反対を叫ぶ新しい集団は、実のところさまざまな懸念を持つ者たちの連合体である。強硬派集団は人種差別と偏見に駆り立てられており、彼らの考えを変えるのはほぼ不可能だ。彼らの要求に応えるべきではなく、ただ道徳的な理由から反対すればそれで足りる。しかしほかの人たちは、新来者が最終的に社会に同化できるのかを心配している。彼らが懸念を示すのは移民の存在そのものではなく、移民の数、変化の速度、既存の制度にこの変化を受け入れる力があるか否かである。同化に焦点を置いた政策を実行すれば、こうした懸念を和らげることができ、単純な偏見を払拭《ふっしょく》できるかもしれない。実際に偏見を取り除けるかどうかは別にしても、同化に焦点を置く政策は、国のまとまりを確保するのに役立つはずだ。

移民、難民、市民権にかかわる政策が、アイデンティティについての現在の論争の中心にある。しかし、問題はそれよりもはるかに大きい。「アイデンティティの政治」が根ざしているのは、アダム・スミスが言うような、貧困者や社会の周縁に追いやられた人たちが周囲の人々の目に見えていない世界である。地位を失ったことへの憤りは、現実の経済的困窮《こんきゅう》に端を発しているため、この憤りを抑えるひとつの道は、仕事、収入、生活についての不安を和らげることにある。とくにアメリカでは、数十年前に左派のほとんどが、貧困者をめぐる状況の根底にある問題を改善する抜本的な社会政策を模索するのをやめてしまった。不平等を具体的に減らすためのコストがかかる計画を考えるよりも、尊敬と尊厳について語るほうが簡単だからだ。ただし大きな例外がオバマ大統領であり、彼の医療費負担適正化法（ACA）導入［訳注：いわゆるオバマケア］は、アメリカ社会政策における画期的な出来事だった。ACAに反対する人たちは、これをアイデンティティの問題に仕立てあげようとして、この政策は黒人の大統領が自分の支持基盤である黒人有権者を助けるためにつくったのだとささやいた。しかし実のところACAは、人種やアイデンティティとは関係なく比較的恵まれない国民を助けるように設計された全国的な政策である。南部の田舎に暮らす白人の多くもこの法律の受益者だが、それでも彼らは説得されてＡＣＡ廃止を掲げる共和党の政治家たちに投票した。

「アイデンティティの政治」のせいで、このような大がかりな政策を策定するのがむずかしくなった。二十世紀のほとんどの期間、自由民主主義諸国の政治は、広く経済政策の問題を中心に展開されていた。進歩的な左派は市井《しせい》の人たちを市場の気まぐれから守ろうとし、国の力を使って資源をより公正に分配しようとした。他方で右派は、自由な企業活動と、だれもが市場での取引に参加できる仕組みを守ろうとした。共産主義、社会主義、社会民主主義、自由主義、保守主義の政党は、すべて左から右へと続くスペクトラムのなかに位置づけられ、その位置は国の介入をどれだけ望むのか、また平等と個人の自由のどちらに肩入れするのかによって決まっていた。ナショナリスト政党、宗教政党、地域政党などの重要なアイデンティティ集団も存在したが、第二次世界大戦後から現在まで民主主義政治が安定して続いてきたのは、その中心にいた有力な中道左派政党と中道右派政党が、いずれも民主的な福祉国家の正統性をおおむね認めてきたからである。

このコンセンサスはいまでは旧体制とみなされ、アイデンティティ問題に確固として根ざした新しい政党がこれに激しく異を唱えている。このために、民主主義政治の未来には大きな課題が突きつけられている。たしかに二十世紀には経済政策をめぐる闘いによって二極化が生じたが、民主主義諸国では、経済のことで意見が対立していても、この対立を乗り越えて妥協点を見いだせることも多かった。他方で、アイデンティティの問題を調停するのはむずかしい。承認されるか、されないかという選択肢しかないからだ。尊厳を失ったり、周囲の目に入らない状態でいたりすることの根本には、しばしば経済の問題がある。しかし、アイデンティティをめぐる闘いのせいで、こうした問題を具体的に改善する政策に力を注げなくなっていることが多い。アメリカ、南アフリカ、インドなど、人種、民族、宗教によって階層化された国では、広く労働者階級を連携させるのはむずかしい。地位の高いアイデンティティ集団は自分たちより下の者と連携する気はなく、その逆も同じだからだ。

「アイデンティティの政治」が台頭したのは、テクノロジーの変化に促されてのことだった。一九九〇年代、インターネットが最初に大量伝達のプラットフォームになったとき、(わたしを含めて) 多くの人が、これが民主主義の価値を広めるのに重要な役割を果たすと考えた。情報は一種の力である。インターネットが情報へのアクセスを増やすのなら、力をより広く分配できるはずだ。さらには、とりわけソーシャルメディアが盛んになることで、それが人々を結集させる道具となり、同じ目的を持つ人たちが共通の関心事を中心に連帯できるようになると思われた。インターネット上の関係はその本質からして横の関係であり、人々がアクセスできる情報を管理する階層的な門番が力を振るうのを排除できるだろうとも考えられた。

そして実際、そのとおりになった。ジョージアのバラ革命、ウクライナのオレンジ革命、失敗に終わったイランの緑の革命、チュニジアの暴動、エジプトのタハリール広場での反政府デモなど、数多くの反権威主義の反乱が、ソーシャルメディアとインターネットに駆り立てられて起こった。市井の人がテクノロジーを使って不正を広く知らせることができるようになると、政府はそれを隠蔽《いんぺい》するのがむずかしくなった。ブラック・ライヴズ・マターの運動は、どこでも使える携帯電話と動画撮影機能がなければ起こらなかった可能性が高い。

しかし時間が経《た》つのにつれて、中国などの権威主義政権は国民のインターネット利用を管理して政治的に無害にする方法を編み出した。またロシアは、ライバルの民主主義諸国を弱体化させる武器としてソーシャルメディアを利用するようになった。(12) ただ、こうした外部のプレイヤーを抜きにしても、ソーシャルメディアはアイデンティティ集団に都合のいいように使われ、自由主義社会の分裂を加速させた。ソーシャルメディアによって、同じ関心を持つ人たちが地理的な制約から解放されてつながる。互いにコミュニケーションをとりながら、「フィルター・バブル」［訳注：インターネット検索のアルゴリズムによって、関心のある情報ばかりが表示されること］のなかで見たくないものを遮断することもできる。対面のコミュニティでは、おかしな陰謀論《いんぼう》を信じる人にはほとんど出会わないが、オンラインでは同じことを信じる人を何千人も見つけられる。従来のメディアでは確保されていた編集作業、事実確認、職業上のルールがないがしろにされ、質の悪い情報を拡散させたり、政敵をわざと中傷・攻撃したりしやすくなった。そして匿名性《とくめい》のために、礼儀正しく振る舞わなければいけないという制約もなくなる。ソーシャルメディアは、アイデンティティによって自分たちのことを語ろうとする社会の傾向をあと押ししただけでなく、無数のサブレディット［訳注：ニュース記事などを共有するウェブサイト〈Reddit＝レディット〉のなかのトピック別コミュニティのこと］に見られるように、オンライン・コミュニティを通じて新しいアイデンティティを生みだしてもきた。

未来への不安は、フィクションによってきわめて鋭く表現されることが多い。なかでも、新しいテクノロジーに基づいて未来の世界を想像するSFにはそれが顕著《けんちょ》に見られる。二十世紀前半には、未来についての不安のなかで中心的な位置を占めていたのは、多くの場合、巨大で集権化された官僚機構の圧政のために個性とプライバシーが奪われるという考えだった。ジョージ・オーウェルの『一九八四年』はテレスクリーンを通じて人々を管理するビッグ・ブラザーの登場を予見し、オルダス・ハクスリーの『すばらしい新世界』は国家がバイオテクノロジーを使って社会を階層化し管理する未来を描く。しかし二十世紀後半になると、想像されるディストピアの性質が変化し始め、環境破壊と収拾がつかないウィルス拡散が中心に据えられるようになった。

ただ、なかでもあるひとつのテーマが、「アイデンティティの政治」によって生じた不安に訴えかけている。ブルース・スターリング、ウィリアム・ギブスン、ニール・スティーヴンスンらサイバーパンクの作家が、集権化した独裁政権による支配としてではなく、新たに登場しつつあるインターネットというテクノロジーによって制御不可能なまでに分裂した社会として未来を描くようになったのである。スティーヴンスンが一九九二年に発表した長篇小説『スノウ・クラッシュ』では、「メタヴァース」という仮想空間が登場し、そこで人々はアバターを使って交流して、好きなように自分のアイデンティティを変えることができる。アメリカは崩壊し、「バーブクレイヴ」に分割されている。「バーブクレイヴ」は、南部連合の旗を掲げる人種差別主義者による「ニュー・サウス・アフリカ」や、中国系移民による「ミスター・リーの大ホンコン」など、狭く定義されたアイデンティティを単位とした郊外都市国家だ。ある地域からほかの地域へ移動するときには、パスポートとビザが求められる。中央情報局（ＣＩＡ）は民営化され、海上に浮かぶアメリカ海軍の航空母艦エンタープライズが難民の住まいになっている。また、連邦政府の権限が及ぶ範囲は、連邦政府ビルが建つ場所だけに縮小されている。(13)

現在の世界は、過度の集権化と果てしない分裂という相反するふたつのディストピアに同時に向かっている。たとえば、中国は巨大な独裁制を築きつつあり、政府が国民一人ひとりの日々のやり取りについてデータを収集し、ビッグデータの技術と社会信用システムを使って人々を管理している。他方でほかのところでは、集権化された制度が崩壊し、破綻《はたん》国家、二極化、共通の目的についてのコンセンサスの欠如が見られるようになっている。また、ソーシャルメディアとインターネットが、自己完結したコミュニティの出現を促してきた。これは物理的な壁によってではなく、共通のアイデンティティを信じる気持ちによって囲《かこ》いこまれたコミュニティである。

さいわい、ディストピア小説が現実になることはほとんどない。ただ、いまの傾向が続けばどうなるのか、それを誇張したかたちで想像できると、未来への警告として役立つ。『一九八四年』は、避けるべき全体主義的な未来の強力なシンボルとなり、それを予防する手助けとなって、そこからもっと暮らしやすい場所を想像できる。多様性がますます広がっている現在の社会状況をふまえつつ、その多様性が共通の目的へと向かい、自由民主主義を蝕《むしば》むのではなく支える、そんな場所である。

アイデンティティの問題は現在、新しいポピュリスト・ナショナリスト運動、イスラム主義の戦士、大学キャンパスで交わされる論争など、数多くの政治現象の根底に横たわっている。われわれは、自分たちと社会のことをアイデンティティによって考えることからは逃れられない。とはいえ、われわれの内面奥深くにあるアイデンティティは固定されているわけではなく、必ずしも生まれによって決まるわけでもない。これを心にとめておく必要がある。アイデンティティは分断を生むこともあるが、一体化のために使うこともできるのだ。結局のところそれが、現在のポピュリスト政治に対する改善策になるのだろう。

IDENTITY《アイデンティティ》
尊厳の欲求と憤りの政治

2019年12月30日　第1刷発行

著　者　　フランシス・フクヤマ
訳　者　　山田 文
発行者　　三宮博信

発行所　　朝日新聞出版
〒104-8011
東京都中央区築地5－3－2
電話　03－5541－8832（編集）
　　　03－5540－7793（販売）

印刷製本　株式会社加藤文明社

翻訳協力：株式会社リベル
図版協力：川添 寿（朝日新聞メディアプロダクション）

Published in Japan by Asahi Shimbun Publications Inc.
ISBN978-4-02-251606-0

■著者

フランシス・フクヤマ Francis Fukuyama

スタンフォード大学フリーマン・スポグリ国際研究所オリヴィエ・ノメリニ上級研究員、同大学民主主義・開発・法の支配センター・モスバッカー・センター長。ジョンズ・ホプキンズ大学ポール・H・ニッツェ高等国際関係大学院、ジョージ・メイソン大学公共政策学部でも教鞭をとった。かつてはランド研究所の研究員や、アメリカ国務省政策企画部次長も務めた。著書に『政治の衰退』(講談社)、『政治の起源』(講談社)、『歴史の終わり』(三笠書房)、『「信」無くば立たず』(三笠書房)、『アメリカの終わり』(講談社)がある。カリフォルニア州に妻と在住。

■翻訳者

山田 文(やまだ ふみ)

英語翻訳者。英国の大学・大学院で社会政治思想を学ぶ。おもな訳書に、マクガーヴェイ『ポバティー・サファリ——イギリス最下層の怒り』(集英社)、ウェン編『ザ・ディスプレイスト——難民作家18人の自分と家族の物語』(ポプラ社)、ヴァンス『ヒルビリー・エレジー——アメリカの繁栄から取り残された白人たち』(光文社、共訳)などがある。

NOTES

序 言

(1) Francis Fukuyama, "The Populist Surge," *The American Interest* 13 (4) (2018): 16–18.
(2) Larry Diamond, "Facing Up to the Democratic Recession," *Journal of Democracy* 26 (1) (2015): 141–155.
(3) Francis Fukuyama, "The End of History?," *National Interest* 16 (Summer 1989): 3–18; *The End of History and the Last Man* (New York: Free Press, 1992)(フランシス・フクヤマ『歴史の終わり』渡部昇一訳、三笠書房、1992年)。
(4) わたしはヘーゲルをアレクサンドル・コジェーヴの見解を通じて解釈している。コジェーヴは欧州経済共同体を、歴史の終わりを体現したものとみなしていた。
(5) Francis Fukuyama, *The Origins of Political Order: From Prehuman Times to the French Revolution* (New York: Farrar, Straus and Giroux, 2011)(フランシス・フクヤマ『政治の起源――人類以前からフランス革命まで』上下巻、会田弘継訳、講談社、2013年); *Political Order and Political Decay: From the Industrial Revolution to the Globalization of Democracy* (New York: Farrar, Straus and Giroux, 2014)(フランシス・フクヤマ『政治の衰退――フランス革命から民主主義の未来へ』上下巻、会田弘継訳、講談社、2018年)。
(6) わざわざ時間を割いてわたしの本を読んでくれた方々に感謝したい。とりわけ次を参照のこと。Paul Sagar, "The Last Hollow Laugh," *Aeon*, March 21, 2017, https://aeon.co/essays/was-francis-fukuyama-the-first-man-to-see-trump-coming
(7) シーモア・マーティン・リプセット・レクチャー。次を参照。Francis Fukuyama, "Identity, Immigration, and Liberal Democracy," *Journal of Democracy* 17 (2) (2006): 5–20; Latsis lecture "European Identity Challenges," ジュネーヴ大学、2011年11月。次を参照。"The Challenges for European Identity," *Global*, January 11, 2012, http://www.theglobaljournal.net/group/francis-fukuyama/article/469/

第 1 章　尊 厳 の 政 治

(1) Samuel P. Huntington, *The Third Wave: Democratization in the Late Twentieth Century* (Oklahoma City: University of Oklahoma Press, 1991)(S・P・ハンチントン『第三の波――二〇世紀後半の民主化』坪郷實、中道寿一、藪野祐三訳、三嶺書房、1995年)。
(2) Steven Radelet, *The Great Surge: The Ascent of the Developing World* (New York: Simon and Schuster, 2015), 4.
(3) 世界的な格差拡大についての包括的な解説は、次を参照のこと。Branko Milanovic, *Global Inequality: A New Approach for the Age of Globalization* (Cambridge, MA: Belknap Press, 2016)(ブランコ・ミラノヴィッチ『大不平等――エレファントカーブが予測する未来』立木勝訳、みすず書房、2017年)。
(4) Diamond, "Facing Up to the Democratic Recession," 141–155.

(5) Ali Alichi, Kory Kantenga, and Juan Solé, "Income Polarization in the United States," IMF Working Paper WP/16/121 (Washington, DC, 2017); Thomas Piketty and Emmanuel Saez, "Income Inequality in the United States, 1913–1998," *Quarterly Journal of Economics* 118 (1) (2003): 1–39.

(6) Viktor Orbán, "Will Europe Belong to Europeans?," speech given in Baile Tusnad, Romania, July 22, 2017, *Visegrád Post*, July 24, 2017, https://visegradpost.com/en/2017/07/24/full-speech-of-v-orban-will-europe-belong-to-europeans/

(7) Rukmini Callimachi, "Terrorist Groups Vow Bloodshed over Jerusalem. ISIS? Less So," *New York Times*, December 8, 2017.

(8) Orbán, "Will Europe Belong?"

(9) James D. Fearon, "What Is Identity (As We Now Use the Word)?," unpublished paper, November 3, 1999, http://fearonresearch.stanford.edu/53-2

第 2 章　魂 の 第 三 の 場 所

(1) Daniel Kahneman, *Thinking, Fast and Slow* (New York: Farrar, Straus and Giroux, 2013)(ダニエル・カーネマン『ファスト&スロー――あなたの意思はどのように決まるか?』上下巻、村井章子訳、早川書房、2014年)。

(2) *The Republic of Plato*, trans., with notes and an interpretive essay, by Allan Bloom (New York: Basic Books, 1968), variorum sec. 439b–c(プラトン『国家(上)』藤沢令夫訳、岩波書店、317頁)。

(3) 同上、439e–440a(319頁)。

(4) 同上、440a–b(319頁)。

(5) 同上、440e–441a(321頁)。

(6) アイソサミアが実際にどのように働くのかの説明は、次を参照のこと。Robert W. Fuller, *Somebodies and Nobodies: Overcoming the Abuse of Rank* (Gabriola Island, British Columbia: New Society Publishers, 2003).

(7) Robert H. Frank, *Choosing the Right Pond: Human Behavior and the Quest for Status* (Oxford: Oxford University Press, 1985), 7.

第 3 章　内 と 外

(1) G. R. Elton, *Reformation Europe, 1517–1559* (New York: Harper Torchbooks, 1963), 2(G・R・エルトン『宗教改革の時代――1517〜1559』越智武臣訳、みすず書房、1973年、2頁)。

(2) Martin Luther, *Christian Liberty*, ed. Harold J. Grimm (Philadelphia: Fortress Press, 1957), 7–8(マルティン・ルター「キリスト者の自由」〈ラテン語版〉山内宣訳『ルター著作集　第一集第二巻』、聖文舎、356頁。なお訳は一部改変した)。

(3) Charles Taylor, *Sources of the Self: The Making of the Modern Identity* (Cambridge, MA: Harvard University Press, 1989), 18(チャールズ・テイラー『自我の源泉――近代的アイデンティティの形成』下川潔、桜井徹、田中智彦訳、名古屋大学出版会、2010年、21頁)。

(4) Elton, *Reformation Europe*, 196(エルトン『宗教改革の時代』206頁)。

(5) テイラーの*Sources of the Self*(『自我の源泉』)と*Multiculturalism: Examining the Politics of Recognition* (Princeton, NJ: Princeton University Press, 1994)(チャールズ・テイラーほか『マルチカルチュラリズム』佐々木毅、辻康夫、向山恭一訳、岩波書店、1996年)を参照のこと。

(6) 次を参照のこと。Arthur M. Melzer, *The Natural Goodness of Man: On the System of Rousseau's Thought* (Chicago: University of Chicago Press, 1990).

(7) Jean-Jacques Rousseau, *Oeuvres complètes de Jean-Jacques Rousseau*, vol. 3 (Paris: Éditions de la Pléiade, 1966), 165–166(ルソー『人間不平等起原論』本田喜代治、平岡昇訳、岩波書店、1972年、87–94頁)。

(8) 同上、165(85頁)。

(9) Jean-Jacques Rousseau, *Les rêveries du promeneur solitaire* (Paris: Éditions Garnier Frères, 1960), 17(ルソー『孤独な散歩者の夢想』今野一雄訳、岩波書店、1960年、88頁)。

(10) Charles Taylor, *The Ethics of Authenticity* (Cambridge, MA: Harvard University Press, 1992), 26(チャールズ・テイラー『〈ほんもの〉という倫理――近代とその不安』田中智彦訳、産業図書、2004年、37頁)。

(11) セックスは自然だったが家族はそうではないというルソーの考えは、現生人類の行動としては正しくないように思われる。しかし現在のチンパンジーには当てはまるため、現生人類のチンパンジーに似た先祖にも当てはまる可能性はある。

(12) このテーマについてのさらに詳しい議論は次を参照のこと。Fukuyama, *Origins of Political Order*, 26–38(フクヤマ『政治の起源　上』56–73頁)。

(13) Frank, *Choosing the Right Pond*, 21–25.

第４章　尊厳から民主主義へ

(1) Alexandre Kojève, *Introduction à la lecture de Hegel* (Paris: Éditions Gallimard, 1947)(アレクサンドル・コジェーヴ『ヘーゲル読解入門――「精神現象学」を読む』上妻精、今野雅方訳、国文社、1987年)。

第６章　表現的個人主義

(1) Rex Glensy, "The Right to Dignity," *Columbia Human Rights Law Review* 43 (65) (2011): 65–142.

(2) Samuel Moyn, "The Secret History of Constitutional Dignity," *Yale Human Rights and Development Journal* 17 (2) (2014): 39–73. 尊厳という言葉は、妊娠中絶をめぐる論争に

も関係するようになった。人間の尊厳は妊娠した時点から始まり、この道徳的な身分は侵すことができないとカトリック教会が主張するようになったからである。

(3) グレンジー("Right to Dignity," 77)が言うように、尊厳という言葉は『ザ・フェデラリスト』の第一篇(ハミルトン著)に見られるが、これは政府高官の地位との関連においてのみ使われている。

(4) Taylor, *Ethics of Authenticity*, 29(テイラー『〈ほんもの〉という倫理』40–41頁)。

(5) David F. Strauss, *The Life of Jesus, Critically Examined* (London: Chapman Brothers, 1846)(D・F・シュトラウス『イエスの生涯』全2巻、岩波哲男訳、教文館、1996年)。

(6) Planned Parenthood of Southeastern Pennsylvania v. Casey, 505 U.S. 833.

第7章　ナショナリズムと宗教

(1) Johann Gottfried von Herder, *Reflections on the Philosophy of the History of Mankind* (Chicago: University of Chicago Press, 1968)(ヨハン・ゴットフリート・ヘルダー『人間史論』全4巻、鼓常良訳、白水社、1948～49年)。

(2) 同上、31。

(3) ヘルダーは当時の絶対君主を特に支持していたわけではなく、北アメリカやアフリカの無政府社会よりも絶対君主のほうが人間の幸福に資するとも考えていなかった。Johann Gottfried von Herder, *J. G. Herder on Social and Political Culture* (Cambridge: Cambridge University Press, 1969), 318–319を参照。

(4) Ernest Gellner, *Nations and Nationalism* (Ithaca, NY: Cornell University Press, 1983), 33, 35(アーネスト・ゲルナー『民族とナショナリズム』加藤節監訳、岩波書店、2000年、57、60–61頁)。

(5) Fritz Stern, *The Politics of Cultural Despair: A Study in the Rise of German Ideology* (Berkeley: University of California Press, 1974), 19–20(F・スターン『文化的絶望の政治——ゲルマン的イデオロギーの台頭に関する研究』中道寿一訳、三嶺書房、1988年、45–46頁)。

(6) 同上、35–94ほか(67–139頁ほか)。

(7) Olivier Roy, "France's Oedipal Islamist Complex," *Foreign Policy*, January 7, 2016; Olivier Roy, "Who Are the New Jihadis?," *Guardian*, April 13, 2017.

(8) Richard Barrett, *Foreign Fighters in Syria* (New York: Soufan Group, 2014).

(9) 次を参照のこと。Omer Taspinar, "ISIS Recruitment and the Frustrated Achiever," *Huffington Post*, March 25, 2015.

(10) Gilles Kepel, *Terror in France: The Rise of Jihad in the West* (Princeton, NJ: Princeton University Press, 2017)(ジル・ケペル、アントワーヌ・ジャルダン『グローバル・ジハードのパラダイム——パリを襲ったテロの起源』義江真木子訳、新評論、2017年); Robert F. Worth, "The Professor and the Jihadi," *New York Times*, April 5, 2017; Robert Zaretsky, "Radicalized Islam, or Islamicized Radicalism?," *Chronicle of Higher Education* 62 (37)

(2016).

第 8 章　宛 先 違 い

(1) Sheri Berman, "The Lost Left," *Journal of Democracy* 27 (4) (2016): 69–76. また、次も参照のこと。"Rose Thou Art Sick," *Economist*, April 2, 2016.
(2) Thomas Piketty, *Capital in the Twenty-First Century* (Cambridge, MA: Belknap Press, 2014), 20–25, 170–187(トマ・ピケティ『21世紀の資本』山形浩生、守岡桜、森本正史訳、みすず書房、2014年、22–27、179–194頁)。
(3) 2013年のドル換算で個人資産が20億ドルを超える億万長者の数は、1987年から2013年までのあいだに5倍になった。彼らの富を合わせると、アフリカ全体の富よりも大きくなる。Milanovic, *Global Inequality*, 41–45(ミラノヴィッチ『大不平等』、44–48頁)。
(4) 同上、11(同上、13頁)。
(5) Alichi, Kantenga, and Solé, "Income Polarization," 5.
(6) Gellner, *Nations and Nationalism*, 124(ゲルナー『民族とナショナリズム』、216頁)。

第 9 章　見 え な い 人 間

(1) Adam Smith, *The Theory of Moral Sentiments* (Indianapolis: Liberty Classics, 1982), 50–51(アダム・スミス『道徳感情論』村井章子、北川知子訳、日経BP社、148–149頁)。
(2) Frank, *Choosing the Right Pond*, 26–30.
(3) 同上、21–26。次も参照のこと。Francis Fukuyama, *Our Posthuman Future: Consequences of the Biotechnology Revolution* (New York: Farrar, Straus and Giroux, 2001), 41–56(フランシス・フクヤマ『人間の終わり――バイオテクノロジーはなぜ危険か』鈴木淑美訳、ダイヤモンド社、2002年、48–67頁)。
(4) Kahneman, *Thinking, Fast and Slow*, 283–285(カーネマン『ファスト&スロー』、98–104頁)。
(5) Federico Ferrara, "The Psychology of Thailand's Domestic Political Conflict: Democracy, Social Identity, and the 'Struggle for Recognition'" (manuscript presented at the international workshop "Coup, King, Crisis: Thailand's Political Troubles and the Royal Succession," Shorenstein Asia-Pacific Research Center, Stanford University, January 24–25, 2017).
(6) とりわけ次を参照のこと。William Julius Wilson, *The Truly Disadvantaged: The Inner City, the Underclass, and Public Policy* (Chicago: University of Chicago Press, 1988)(ウィリアム・J・ウィルソン『アメリカのアンダークラス――本当に不利な立場に置かれた人々』青木秀男監訳、平川茂、牛草英晴訳、明石書店、1999年)。
(7) Charles Murray, *Coming Apart: The State of White America, 1960–2010* (New York: Crown Forum, 2010)(チャールズ・マレー『階級「断絶」社会アメリカ――新上流と新下流の出現』橘明美訳、草思社、2013年); Robert D. Putnam, *Our Kids: The American Dream*

in Crisis (New York: Simon and Schuster, 2015)(ロバート・D・パットナム『われらの子ども——米国における機会格差の拡大』柴内康文訳、創元社、2017年)。

(8) Anne Case and Angus Deaton, "Rising Morbidity and Mortality in Midlife Among White Non-Hispanics in the Twenty-First Century," *Proceedings of the National Academy of Sciences* 112 (49) (December 8, 2015); "Mortality and Morbidity in the Twenty-First Century," *Brookings Papers on Economic Activity*, March 23–24, 2017.

(9) U.S. Census Bureau, Current Population Survey online data tool.

(10) Katherine J. Cramer, *The Politics of Resentment: Rural Consciousness and the Rise of Scott Walker* (Chicago: University of Chicago Press, 2016), 61.

(11) Arlie Russell Hochschild, *Strangers in Their Own Land: Anger and Mourning on the American Right* (New York: New Press, 2016), 127(A・R・ホックシールド『壁の向こうの住人たち——アメリカの右派を覆う怒りと嘆き』布施由紀子訳、岩波書店、2018年、181頁)。

(12) Cramer, *Politics of Resentment*, 9.

(13) Hochschild, *Strangers in Their Own Land*, 143(ホックシールド『壁の向こうの住人たち』、205頁)。

第 10 章　　尊 厳 の 民 主 化

(1) 「ヒューマン・ポテンシャル運動」はエサレン研究所によって推進された。カリフォルニア特別委員会の報告書は、同研究所の初期の所長だった故ヴァージニア・サティアへ捧げられている。

(2) Abraham Maslow, *A Theory of Human Motivation* (New York: Start Publishing, 2012).

(3) *Toward a State of Self-Esteem: The Final Report of the California Task Force to Promote Self-Esteem and Personal Social Responsibility* (Sacramento: California State Department of Education, January 1990), 18–19.

(4) 同上、19, 24。自尊心の普遍的な必要性については、次の文献でも主張されている。Robert W. Fuller, *Dignity for All: How to Create a World Without Rankism* (Oakland, CA: Berrett-Koehler Publishers, 2008).

(5) Philip Rieff, *The Triumph of the Therapeutic: Uses of Faith After Freud* (Chicago: University of Chicago Press, 1966), 4, 13.

(6) この全体像については、次を参照のこと。Katie Wright, *The Rise of the Therapeutic Society: Psychological Knowledge and the Contradictions of Cultural Change* (Washington, DC: New Academia Publishing, 2010), 13–28.

(7) Lionel Trilling, *Sincerity and Authenticity* (Cambridge, MA: Harvard University Press, 1972), 142(ライオネル・トリリング『〈誠実〉と〈ほんもの〉——近代自我の確立と崩壊』野島秀勝訳、法政大学出版局、1989年、194頁)。

(8) Christopher Lasch, *The Culture of Narcissism: American Life in an Age of Diminishing Expectations* (New York: Norton, 1978), 10, 13(クリストファー・ラッシュ『ナルシシズムの時代』石川弘義訳、ナツメ社、1981年、29、33–34頁)。

(9) Frank Furedi, *Therapy Culture: Cultivating Vulnerability in an Uncertain Age* (London: Routledge, 2004), 4–5, 10.

(10) Robert H. Schuller, *Self-Esteem: The New Reformation* (Waco, TX: Waco Books, 1982). シュラーの著書は、ノーマン・ヴィンセント・ピールらによるアメリカの自己啓発書の長い伝統のなかに位置づけられる。たとえばシュラーの次の本を参照。*Success Is Never Ending, Failure Is Never Final: How to Achieve Lasting Success Even in the Most Difficult Times* (New York: Bantam Books, 1990)(ロバート・シュラー『いかにして自分の夢を実現するか』稲盛和夫監訳、三笠書房、1989年)。

(11) Bob DeWaay, *Redefining Christianity: Understanding the Purpose Driven Movement* (Springfield, MO: 21st Century Press, 2006).

(12) Andrew J. Polsky, *The Rise of the Therapeutic State* (Princeton, NJ: Princeton University Press, 1991), 158–164.

(13) 同上、199–200.

(14) 次に引用。Herbert Lindenberger, "On the Sacrality of Reading Lists: The Western Culture Debate at Stanford University," in *The History in Literature: On Value, Genre, Institutions* (New York: Columbia University Press, 1990), 151.

(15) 大学がセラピー的な役割を果たすようになった傾向の全体像が、次の論文で描かれている。Frank Furedi, "The Therapeutic University," *American Interest* 13 (1) (2017): 55–62.

第 11 章　ひとつのアイデンティティから複数のアイデンティティへ

(1) Donald Horowitz, *Ethnic Groups in Conflict* (Berkeley: University of California Press, 1985), 141–143.

(2) Ta-Nehisi Coates, *Between the World and Me* (New York: Spiegel and Grau, 2015), 7–10(タナハシ・コーツ『世界と僕のあいだに』池田年穂訳、慶應義塾大学出版会、2017年、10–14頁)。

(3) Simone de Beauvoir, *The Second Sex* (New York: Alfred A. Knopf, 1953)(シモーヌ・ド・ボーヴォワール『第二の性　決定版』全3巻、『第二の性』を原文で読み直す会訳、2001年、新潮社)。

(4) Stuart Jeffries, "Are Women Human?"(キャサリン・マッキノンへのインタビュー), *Guardian*, April 12, 2006.

(5) 次を参照のこと。Jacob Hoerger, "Lived Experience vs. Experience," *Medium*, October 24, 2016, https://medium.com/@jacobhoerger/lived-experience-vs-experience-2e467b6c2229

(6) これらの点はすべてHoerger(同上)が指摘している。

(7) Kimberlé Williams Crenshaw, "Mapping the Margins: Intersectionality, Identity Politics, and Violence Against Women of Color," *Stanford Law Review* 43: 1241–1299, July 1991.

(8) Mathieu Bock-Côté, *Le multiculturalisme comme religion politique* (Paris: Les Éditions du Cerf, 2016), 16–19.

(9) Sasha Polakow-Suransky, *Go Back to Where You Came From: The Backlash Against Immigration and the Fate of Western Democracy* (New York: Nation Books, 2017), 23–24.

(10) Theo Lochocki, "Germany's Left Is Committing Suicide by Identity Politics," *Foreign Policy*, January 23, 2018.

(11) Maximillian Alvarez, "Cogito Zero Sum," *Baffler*, August 2, 2017, https://thebaffler.com/the-poverty-of-theory/cogito-zero-sum-alvarez

(12) この一例が、レベッカ・テュヴェルの論文［訳注：トランスジェンダーの人が性転換をするのを認めるのなら、トランスレイシャルの人が人種を変えるのも認めるべきだと主張したもの］への批判である。Rebecca Tuvel, "In Defense of Transracialism," *Hypatia: A Journal of Feminist Philosophy*. これについては次に説明がある。Kelly Oliver, "If This is Feminism ...," *Philosophical Salon*, May 8, 2017, http://thephilosophicalsalon.com/if-this-is-feminism-its-been-hijacked-by-the-thought-police/　また、次も参照のこと。Kelly Oliver, "Education in an Age of Outrage," *New York Times*, October 16, 2017.

(13) Mark Lilla, *The Once and Future Liberal: After Identity Politics* (New York: HarperCollins, 2017)(マーク・リラ『リベラル再生宣言』夏目大訳、早川書房、2018年)。

(14) Thomas E. Mann and Norman J. Ornstein, *It's Even Worse Than It Looks: How the American Constitutional System Collided with the New Politics of Extremism* (New York: Basic Books, 2012).

(15)「文化の盗用」とは、ある人種、民族、ジェンダーに属する人が、ほかの集団の文化を使ったり、そこから利益を得たりすることである。有名な例では、画家ダナ・シュッツが、白人から暴行を受けて殺害された黒人少年エメット・ティルの損傷した遺体の絵を発表したとき、黒人にとってトラウマ的な瞬間を白人画家が描いたとの理由で、その絵を破壊すべきだとの声が上がった。また別の例では、ある編集者が、白人作家がマイノリティや先住民の登場人物を創作する権利について書いたところ、カナダ作家組合の役職を辞めることを強いられた。いずれの例でも、批判を受けた人はリベラル派であり、マイノリティの経験と苦しみを同情的に理解しようと努めていた。ダナ・シュッツを批判する手紙の文面は、次に掲載されている。https://i-d.vice.com/enuk/article/d3p84a/black-artists-urge-the-whitney-biennial-to-remove-painting-of-murdered-black-teenager-emmett-till　また次も参照のこと。Kenan Malik, "In Defense of Cultural Appropriation," *New York Times*, June 14, 2017; Lionel Shriver, "Lionel Shriver's Full Speech: 'I Hope the Concept of Cultural Appropriation Is a Passing Fad,' " *Guardian*, September 13, 2016.

(16) Matthew Taylor, " 'White Europe': 60,000 Nationalists March on Poland's Independence Day," *Guardian*, November 12, 2017; Anne Applebaum, "Why Neo-Fascists Are Making a Shocking Surge in Poland," *Washington Post*, November 13, 2017.

第 12 章　われら国民

(1) 次を参照のこと。Michela Wrong, *It's Our Turn to Eat: The Story of a Kenyan Whistle-Blower* (New York: HarperPerennial, 2010). また次も参照。Fukuyama, *Political Order and Political Decay*, 330–332(フクヤマ『政治の衰退』下巻、70–75頁)。

(2) Rogers M. Smith, *Political Peoplehood: The Roles of Values, Interests, and Identities* (Chicago: University of Chicago Press, 2015).

(3) 第一次世界大戦前のウィーンの豊かさと、その崩壊の悲劇については、次の文献が力強く説明している。Stefan Zweig, *The World of Yesterday* (Lincoln: University of Nebraska Press, 2013)(シュテファン・ツヴァイク『昨日の世界』全2巻、原田義人訳、みすず書房、1999年)。

(4) トランプ大統領がウラジーミル・プーチンを受け入れたあと、驚くほど多くの共和党員がロシアに好意的な見解を持つようになり、なかにはアメリカのリベラル派よりもプーチンのほうを信頼するという者まで出てきた。共和党全国委員会にアラバマから参加したポール・レイノルズは、次のように言ったという。「もしわたしが福祉をプーチンの手に委ねるかワシントン・ポスト紙の手に委ねるか選べるのなら、必ずプーチンのほうを選ぶ」。James Hohmann, "The Daily 202: As Roy Moore Declines to Step Aside, a Tale of Two Republican Parties Emerges," *Washington Post*, November 10, 2017; Zack Beauchamp, "Roy Moore Admires Vladimir Putin's Morality," *Vox*, December 8, 2017.

(5) 急速に発展する東アジア諸国にも腐敗の問題はあるが、概して世界のほかの地域よりは少ない。国の発展に注力するエリートのおかげで、日本、韓国、シンガポール、中国などの国で「開発国家」が可能になった。ルワンダやエチオピアなどのアフリカ諸国や、ピノチェト独裁政権下のチリにも同様の国家はあったと言えるが、これらは例外である。次を参照のこと。Stephan Haggard, *Developmental States* (New York: Cambridge University Press, 2018).

(6) 次を参照のこと。Francis Fukuyama, *Trust: The Social Virtues and the Creation of Prosperity* (New York: Free Press, 1995)(フランシス・フクヤマ『「信」無くば立たず』加藤寛訳、三笠書房、1996年)。

(7) 同上; Robert D. Putnam, *Bowling Alone: The Collapse and Revival of American Community* (New York: Simon and Schuster, 2000)(ロバート・D・パットナム『孤独なボウリング——米国コミュニティの崩壊と再生』柴内康文訳、柏書房、2006年)。

(8) この点は次で論じられている。Craig J. Calhoun, "Social Solidarity as a Problem for Cosmopolitan Democracy," in *Identities, Affiliations, and Allegiances*, ed. Seyla Benhabib, Ian Shapiro, and Danilo Petranovic (Cambridge: Cambridge University Press, 2007).

(9) 国民としてのアイデンティティが、現代の自由民主主義に必要な条件のひとつであると論じたもののなかでも有名なのが、Dankwart A. Rustow, "Transitions to Democracy: Toward a

Dynamic Model," *Comparative Politics* 2 (1970): 337–363。

(10) Zoltan L. Hajnal and Marisa Abrajano, *White Backlash: Immigration, Race, and American Politics* (Princeton, NJ: Princeton University Press, 2016).

(11) Pierre Manent, "Democracy Without Nations?," *Journal of Democracy* 8 (1997): 92–102. また、次も参照のこと。Fukuyama, *Political Order and Political Decay*, 185–197(フクヤマ『政治の衰退』上巻、233–249頁)。

(12) 世界人権宣言の起源については、次を参照のこと。Mary Ann Glendon, *A World Made New: Eleanor Roosevelt and the Universal Declaration of Human Rights* (New York: Random House, 2001).

(13) Martha C. Nussbaum, *For Love of Country: Debating the Limits of Patriotism* (Boston: Beacon Press, 1996)(マーサ・C・ヌスバウム『国を愛するということ——愛国主義の限界をめぐる論争』辰巳伸知、能川元一訳、人文書院、2000年); Craig J. Calhoun, "Imagining Solidarity: Cosmopolitanism, Constitutional Patriotism, and the Public Sphere," *Public Culture* 13 (1) (2002): 147–171; Samuel Scheffler, *Boundaries and Allegiances: Problems of Justice and Responsibility in Liberal Thought* (Oxford: Oxford University Press, 2000).

(14) 次を参照のこと。Stewart Patrick, *Sovereignty Wars: Reconciling America with the World* (Washington, DC: Brookings Institution Press, 2017); Stephen D. Krasner, *Sovereignty: Organized Hypocrisy* (Princeton, NJ: Princeton University Press, 1999).

第 13 章　国 民 の 物 語

(1) この点は次で論じられている。Sunil Khilnani, *The Idea of India* (New York: Farrar, Straus and Giroux, 1998).

(2) これについては次で論じた。Fukuyama, *Political Order and Political Decay*, 322–334(フクヤマ『政治の衰退』下巻、60–76頁)。

(3) このセクションは、ラトシス財団で行った講演"European Identity Challenges"をもとにしている。

(4) この見解については、ユルゲン・ハーバーマスが理論を提示している。とりわけ次を参照のこと。Jürgen Habermas, *The Postnational Constellation: Political Essays* (Cambridge, MA: MIT Press, 2001); "Citizenship and National Identity: Some Reflections on the Future of Europe," *Praxis International* 12 (1) (1993): 1–19. また次も参照。Ghia Nodia, "The End of the Postnational Illusion," *Journal of Democracy* 28 (2017): 5–19.

(5) ＥＵにおけるナショナル・アイデンティティについては、次を参照のこと。Kathleen R. McNamara, *The Politics of Everyday Europe: Constructing Authority in the European Union* (Oxford: Oxford University Press, 2015).

(6) T. Alexander Aleinikoff and Douglas B. Klusmeyer, eds., *From Migrants to Citizens: Membership in a Changing World* (Washington, DC: Carnegie Endowment for

International Peace, 2000), 1–21; Gerhard Casper, "The Concept of National Citizenship in the Contemporary World: Identity or Volition?" (Hamburg, Germany: Bucerius Law School, 2008).

(7) Aleinikoff and Klusmeyer, *From Migrants to Citizens*, 32–118.

(8) Rogers Brubaker, *Citizenship and Nationhood in France and Germany* (Cambridge, MA: Harvard University Press, 1992)(ロジャース・ブルーベイカー『フランスとドイツの国籍とネーション——国籍形成の比較歴史社会学』佐藤成基、佐々木てる監訳、明石書店、2005年)。

(9) Marc Morje Howard, *The Politics of Citizenship in Europe* (New York: Cambridge University Press, 2009), 119–134; Nergis Canefe, "Citizens v. Permanent Guests: Cultural Memory and Citizenship Laws in a Reunified Germany," *Citizenship Studies* 2 (3) (1998): 519–544.

(10) Chikako Kashiwazaki, "Citizenship in Japan: Legal Practice and Contemporary Development," in Aleinikoff and Klusmeyer, *From Migrants to Citizens*.

(11) Sara W. Goodman, "Fortifying Citizenship: Policy Strategies for Civic Integration in Western Europe," *World Politics* 64 (4) (2012): 659–698; Robert Leiken, *Europe's Angry Muslims: The Revolt of the Second Generation*, repr. ed. (Oxford: Oxford University Press, 2015). 彼が提示する結論の多くは、近年のフランスでのテロ攻撃のことを考えると、いまではやや時代遅れの感もある。

(12) "Discussion Guide for the Naturalization Authorities-Status 01.09.2005," Country Commissioner for Data Protection Baden-Württemberg. September 1, 2005, https://www.baden-wuerttemberg.datenschutz.de/gesprachsleitfaden-fur-die-einburgerungsbehorden-stand-01-09-2005/　また、次も参照のこと。Simon McMahon, *Developments in the Theory and Practice of Citizenship* (Newcastle upon Tyne, U.K.: Cambridge Scholars, 2012), 29ff.

(13) フランスのイスラム教徒への偏見については、次の文献が実証的な例を示している。David Laitin, Claire L. Adida, and Marie-Anne Valfort, *Why Muslim Integration Fails in Christian-Heritage Societies* (Cambridge, MA: Harvard University Press, 2016).

(14) イギリス独立党の歴史については、次を参照のこと。Robert Ford and Matthew Goodwin, *Revolt on the Right: Explaining Support for the Radical Right in Britain* (London: Routledge, 2014).

(15) Alan G. R. Smith, *The Emergence of a Nation-State: The Commonwealth of England, 1529–1660* (London: Longman, 1984), 89.

(16) 2017年8月12日のツイート。

(17) 次に引用。Smith, *Political Peoplehood*, 150, 152.

(18) 同上。ペインは次に引用。Gerhard Casper, "Forswearing Allegiance," in *Jahrbuch des öffentlichen Rechts der Gegenwart*, ed. Peter Häberle (Tübingen, Germany: Mohr Siebeck, 2013), 703.

(19) 次を参照のこと。Ramon Lopez, "Answering the Alt-Right," *National Affairs* 33 (2017): www.nationalaffairs.com/publications/detail/answering-the-alt-right

(20) William A. Galston, *Anti-Pluralism: The Populist Threat to Liberal Democracy* (New Haven, CT: Yale University Press, 2018), 39.

(21) Samuel P. Huntington, *Who Are We? The Challenges to America's National Identity* (New York: Simon and Schuster, 2004), 59(サミュエル・ハンチントン『分断されるアメリカ――ナショナル・アイデンティティの危機』鈴木主税訳、集英社、92頁)。

(22) たとえば次を参照のこと。Carlos Lozada, "Samuel Huntington, a Prophet for the Trump Era," *Washington Post*, July 18, 2017.

(23) ＯＥＣＤによると、アメリカ人は週に平均34.29時間働く。それに対してＥＵの平均は33.23時間、韓国は39.79時間である。ただしここにはパートタイムの労働者も含まれており、アメリカではその数がほかの国よりも多い。アメリカのフルタイム労働者の平均労働時間は週に47時間である。次を参照のこと。OECD (2018), Hours worked (indicator). DOI: 10.1787/47be1c78-en(2018年2月14日にアクセス)。

第 14 章　何をすべきか

(1) 合衆国の市民権宣誓文は次に掲載されている。https://www.uscis.gov/us-citizenship/naturalization-test/naturalization-oath-allegiance-united-states-america　帰化宣誓の詳しい歴史については、Casper, "Forswearing Allegiance," in Häberle, *Jahrbuch*を参照のこと。また次も参照。T. Alexander Aleinikoff, "Between Principles and Politics: US Citizenship Policy," in Aleinikoff and Klusmeyer, *From Migrants to Citizens*.

(2) 帰化宣誓の文言に反して、アメリカも二重国籍を認めるようになった。これは議会で意図的に決定したわけではなく、政治的便宜主義に動かされたさまざまな法的・行政的な判断の結果である。Casper, "Concept of National Citizenship"を参照のこと。

(3) Bassam Tibi, "Why Can't They Be Democratic?," *Journal of Democracy* 19 (3) (2008): 43–48.

(4) 同様のことはほかの多文化社会でも起こっており、これは言語にも表れている。1707年の合同法によってスコットランドが連合王国に組み込まれたあと、イングランドの人たちは、自分たちのことをイングランド人ではなくイギリス人と呼ぶようになった。このアイデンティティにはウェールズ、スコットランド、(当時は)アイルランドの人々が含まれる。ロシア語では、形容詞「ルースキー」は民族としてのロシア人を意味し、形容詞「ラシースキー」はロシア連邦の国民を指す。「ラシースキー」にはイスラム教徒のチェチェン人やダゲスタン人も含まれる。

(5) "Muslim Identities and the School System in France and Britain: The Impact of the Political and Institutional Configurations on Islam-Related Education Policies," paper presented for the ECPR General Conference, Pisa, September 2007; Jenny Berglund, *Publicly Funded Islamic Education in Europe and the United States* (Washington, DC: Brookings Institution, 2015); Marie Parker-Johnson, "Equal Access to State Funding:

The Case of Muslim Schools in Britain," *Race, Ethnicity and Education* 5 (2010): 273–289.

(6) フランスにも例外はある。国はアルザスの宗教的学校は支援しているのだ。紛争中の地域の、複雑な歴史的遺産のひとつである。

(7) バイリンガル教育廃止法案(住民提案第227号)のあとに移民の子どもたちの英語習得が向上したという証拠があるにもかかわらず、これは2016年の多言語教育法案(住民提案第58号)によって撤回された。次を参照のこと。Edward Sifuentes, "Proposition 227: 10 Years Later," *San Diego Union-Tribune*, November 8, 2008.

(8) David Jacobson, *Rights Across Borders: Immigration and the Decline of Citizenship* (Baltimore, MD: Johns Hopkins University Press, 1996), 8–11.

(9) これによって、外国人がある国の領土にどの時点で到達するかが変わってくる。アメリカ、ヨーロッパ、その他の自由民主主義国は、国民ではない者にも国内法によって権利を与えており、そこには不法入国者も含まれる。そのため移民にとっては合法・不法にかかわらず、いかなる手段を使ってもその国の領土へたどり着こうとする強い動機が生じる。また国境を管理したい国には、それを阻もうとする動機が生まれ、壁などの物理的な障害物を設けたり、公海で入国を阻止したり、国内法が適用されない海外統治領へ送ったりする。次を参照のこと。Casper, "Forswearing Allegiance," in Häberle, *Jahrbuch*; Moria Paz, "The Law of Walls," *European Journal of International Law* 28 (2) (2017): 601–624.

(10) この包括的な移民制度改革案は、2009年10月6日に開催されたブルッキングス研究所とデューク大学の移民政策円卓会議"Breaking the Immigration Stalemate: From Deep Disagreements to Constructive Proposals"で提示された。

(11) 拒否権政治とは、アメリカの「抑制と均衡(チェック・アンド・バランス)」の仕組みによって、よく組織された少数派が多数派の支持を得た決定に拒否権を行使することである。次を参照のこと。Fukuyama, *Political Order and Political Decay*, chap. 34, pp. 488–505(フクヤマ『政治の衰退』下巻、273–294頁)。

(12) 次を参照のこと。Juan Pablo Cardenal et al., *Sharp Power: Rising Authoritarian Influence* (Washington, DC: National Endowment for Democracy, December 2017).

(13) Neal Stephenson, *Snow Crash* (New York: Bantam Books, 1992)(ニール・スティーヴンスン『スノウ・クラッシュ』上下巻、日暮雅通訳、早川書房、2001年)。

参考文献一覧

Abrajano, Marisa, and Zoltan L. Hajnal. *White Backlash: Immigration, Race, and American Politics*. Princeton, NJ: Princeton University Press, 2016.

Aleinikoff, T. Alexander, and Douglas B. Klusmeyer, eds. *From Migrants to Citizens: Membership in a Changing World*. Washington, DC: Carnegie Endowment for International Peace, 2000.

Barrett, Richard. *Foreign Fighters in Syria*. New York: Soufan Group, 2014.

Beauvoir, Simone de. *The Second Sex*. New York: Alfred A. Knopf, 1953(シモーヌ・ド・ボーヴォワール『第二の性　決定版』全3巻、『第二の性』を原文で読み直す会訳、2001年、新潮社)。

Benhabib, Seyla, Ian Shapiro, and Danilo Petranovic, eds. *Identities, Affiliations, and Allegiances*. Cambridge: Cambridge University Press, 2007.

Berglund, Jenny. *Publicly Funded Islamic Education in Europe and the United States*. Washington, DC: Brookings Institution, 2015.

Berman, Sheri. "The Lost Left." *Journal of Democracy* 27 (4) (2016): 69–76.

Bock-Côté, Mathieu. *Le multiculturalisme comme religion politique*. Paris: Les Éditions du Cerf, 2016.

Brubaker, Rogers. *Citizenship and Nationhood in France and Germany*. Cambridge, MA: Harvard University Press, 1992(ロジャース・ブルーベイカー『フランスとドイツの国籍とネーション――国籍形成の比較歴史社会学』佐藤成基、佐々木てる監訳、明石書店、2005年)。

Canefe, Nergis. "Citizens v. Permanent Guests: Cultural Memory and Citizenship Laws in a Reunified Germany." *Citizenship Studies* 2 (3) (1998): 519–544.

Casper, Gerhard. "The Concept of National Citizenship in the Contemporary World: Identity or Volition?" Hamburg, Germany: Bucerius Law School, 2008.

———. "Forswearing Allegiance." In *Jahrbuch des öffentlichen Rechts der Gegenwart*, edited by Peter Häberle. Tübingen, Germany: Mohr Siebeck, 2013.

Coates, Ta-Nehisi. *Between the World and Me*. New York: Spiegel and Grau, 2015(タナハシ・コーツ『世界と僕のあいだに』池田年穂訳、慶應義塾大学出版会、2017年)。

Cramer, Katherine J. *The Politics of Resentment: Rural Consciousness and the Rise of Scott Walker*. Chicago: University of Chicago Press, 2016.

Crenshaw, Kimberlé Williams. "Mapping the Margins: Intersectionality, Identity Politics, and Violence Against Women of Color." *Stanford Law Review* 43: 1241–1299 (July 1991).

DeWaay, Bob. *Redefining Christianity: Understanding the Purpose Driven Movement*. Springfield, MO: 21st Century Press, 2006.

Ford, Robert, and Matthew Goodwin. *Revolt on the Right: Explaining Support for the Radical Right in Britain*. London: Routledge, 2014.

Fukuyama, Francis. "The End of History?" *National Interest* 16 (1989): 3–18.

———. *The End of History and the Last Man*. New York: Free Press, 1992(フランシス・フク

ヤマ『歴史の終わり』渡部昇一訳、三笠書房、1992年)。
———. *The Origins of Political Order: From Prehuman Times to the French Revolution*. New York: Farrar, Straus and Giroux, 2011(フランシス・フクヤマ『政治の起源——人類以前からフランス革命まで』上下巻、会田弘継訳、講談社、2013年)。
———. "The Populist Surge." *American Interest* 13 (2018): 16–18.
———. *Our Posthuman Future: Consequences of the Biotechnology Revolution*. New York: Farrar, Straus and Giroux, 2001(フランシス・フクヤマ『人間の終わり——バイオテクノロジーはなぜ危険か』鈴木淑美訳、ダイヤモンド社、2002年)。
———. *Political Order and Political Decay: From the Industrial Revolution to the Globalization of Democracy*. New York: Farrar, Straus and Giroux, 2014(フランシス・フクヤマ『政治の衰退——フランス革命から民主主義の未来へ』上下巻、会田弘継訳、講談社、2018年)。
———. *Trust: The Social Virtues and the Creation of Prosperity*. New York: Free Press, 1995(フランシス・フクヤマ『「信」無くば立たず』加藤寛訳、三笠書房、1996年)。
Fuller, Robert W. *Dignity for All: How to Create a World Without Rankism*. Oakland, CA: Berrett-Koehler Publishers, 2008.
———. *Somebodies and Nobodies: Overcoming the Abuse of Rank*. Gabriola Island, British Columbia: New Society Publishers, 2003.
Furedi, Frank. "The Therapeutic University." *American Interest* 13 (1) (2017): 55–62.
———. *Therapy Culture: Cultivating Vulnerability in an Uncertain Age*. London: Routledge, 2004.
Galston, William A. *Anti-Pluralism: The Populist Threat to Liberal Democracy*. New Haven, CT: Yale University Press, 2018.
Gellner, Ernest. *Nations and Nationalism*. Ithaca, NY: Cornell University Press, 1983(アーネスト・ゲルナー『民族とナショナリズム』加藤節監訳、岩波書店、2000年)。
Glensy, Rex. "The Right to Dignity." *Columbia Human Rights Law Review* 43 (65) (2011): 65–142.
Goodman, Sara W. "Fortifying Citizenship: Policy Strategies for Civic Integration in Western Europe." *World Politics* 64 (4) (2012): 659–698.
Habermas, Jürgen. "Citizenship and National Identity: Some Reflections on the Future of Europe." *Praxis International* 12 (1) (1993): 1–19.
———. *The Postnational Constellation: Political Essays*. Cambridge, MA: MIT Press, 2001.
Haggard, Stephan. *Developmental States*. New York: Cambridge University Press, 2018.
Herder, Johann Gottfried von. *J. G. Herder on Social and Political Culture*. Cambridge: Cambridge University Press, 1969.
———. *Reflections on the Philosophy of the History of Mankind*. Chicago: University of Chicago Press, 1968(ヨハン・ゴットフリート・ヘルダー『人間史論』全4巻、鼓常良訳、白水社、1948〜49年)。

Hochschild, Arlie Russell. *Strangers in Their Own Land: Anger and Mourning on the American Right*. New York: New Press, 2016(A・R・ホックシールド『壁の向こうの住人たち――アメリカの右派を覆う怒りと嘆き』布施由紀子訳、岩波書店、2018年)。

Horowitz, Donald. *Ethnic Groups in Conflict*. Berkeley: University of California Press, 1985.

Howard, Marc Morje. *The Politics of Citizenship in Europe*. New York: Cambridge University Press, 2009.

Huntington, Samuel P. *Who Are We? The Challenges to America's National Identity*. New York: Simon and Schuster, 2004(サミュエル・ハンチントン『分断されるアメリカ――ナショナル・アイデンティティの危機』鈴木主税訳、集英社)。

Jacobson, David. *Rights Across Borders: Immigration and the Decline of Citizenship*. Baltimore and London: Johns Hopkins University Press, 1996.

Kepel, Gilles. *Terror in France: The Rise of Jihad in the West*. Princeton, NJ: Princeton University Press, 2017(ジル・ケペル、アントワーヌ・ジャルダン『グローバル・ジハードのパラダイム――パリを襲ったテロの起源』義江真木子訳、新評論、2017年)。

Laitin, David, Claire L. Adida, and Marie-Anne Valfort. *Why Muslim Integration Fails in Christian-Heritage Societies*. Cambridge, MA: Harvard University Press, 2016.

Leiken, Robert. *Europe's Angry Muslims: The Revolt of the Second Generation*. Repr. ed. Oxford: Oxford University Press, 2015.

Lilla, Mark. *The Once and Future Liberal: After Identity Politics*. New York: HarperCollins, 2017(マーク・リラ『リベラル再生宣言』夏目大訳、早川書房、2018年)。

Lindenberger, Herbert. *The History in Literature: On Value, Genre, Institutions*. New York: Columbia University Press, 1990.

Lochocki, Theo. "Germany's Left Is Committing Suicide by Identity Politics." *Foreign Policy*, January 23, 2018.

Lopez, Ramon. "Answering the Alt-Right." *National Affairs* 33 (2017).

Luther, Martin. *Christian Liberty*. Rev. ed. Edited by Harold J. Grimm. Philadelphia: Fortress Press, 1957(マルティン・ルター「キリスト者の自由」〈ラテン語版〉山内宣訳『ルター著作集　第一集第二巻』、聖文舎)。

Mann, Thomas E., and Norman J. Ornstein. *It's Even Worse Than It Looks: How the American Constitutional System Collided with the New Politics of Extremism*. New York: Basic Books, 2012.

McMahon, Simon. *Developments in the Theory and Practice of Citizenship*. Newcastle upon Tyne, U.K.: Cambridge Scholars, 2012.

McNamara, Kathleen R. *The Politics of Everyday Europe: Constructing Authority in the European Union*. Oxford: Oxford University Press, 2015.

Milanovic, Branko. *Global Inequality: A New Approach for the Age of Globalization*. Cambridge, MA: Belknap Press, 2016(ブランコ・ミラノヴィッチ『大不平等――エレファントカーブが予測する未来』立木勝訳、みすず書房、2017年)。

Moyn, Samuel. “The Secret History of Constitutional Dignity.” *Yale Human Rights and Development Journal* 17 (2) (2014): 39–73.

Murray, Charles. *Coming Apart: The State of White America, 1960–2010*. New York: Crown Forum, 2010(チャールズ・マレー『階級「断絶」社会アメリカ――新上流と新下流の出現』橘明美訳、草思社、2013年)。

Nodia, Ghia. “The End of the Postnational Illusion.” *Journal of Democracy* 28 (2017): 5–19.

Nussbaum, Martha C. *For Love of Country: Debating the Limits of Patriotism*. Boston: Beacon Press, 1996(マーサ・C・ヌスバウム『国を愛するということ――愛国主義の限界をめぐる論争』辰巳伸知、能川元一訳、人文書院、2000年)。

Parker-Johnson, Marie. “Equal Access to State Funding: The Case of Muslim Schools in Britain.” *Race, Ethnicity, and Education* 5 (2002): 273–289.

Paz, Moria. “The Law of Walls.” *European Journal of International Law* 28 (2) (2017): 601–624.

Piketty, Thomas. *Capital in the Twenty-First Century*. Cambridge, MA: Belknap Press, 2014(トマ・ピケティ『21世紀の資本』山形浩生、守岡桜、森本正史訳、みすず書房、2014年)。

Polakow-Suransky, Sasha. *Go Back to Where You Came From: The Backlash Against Immigration and the Fate of Western Democracy*. New York: Nation Books, 2017.

Polsky, Andrew J. *The Rise of the Therapeutic State*. Princeton, NJ: Princeton University Press, 1991.

Putnam, Robert D. *Bowling Alone: The Collapse and Revival of American Community*. New York: Simon and Schuster, 2000(ロバート・D・パットナム『孤独なボウリング――米国コミュニティの崩壊と再生』柴内康文訳、柏書房、2006年)。

———. *Our Kids: The American Dream in Crisis*. New York: Simon and Schuster, 2015(ロバート・D・パットナム『われらの子ども――米国における機会格差の拡大』柴内康文訳、創元社、2017年)。

Rieff, Philip. *The Triumph of the Therapeutic: Uses of Faith After Freud*. Chicago: University of Chicago Press, 1966.

Roy, Olivier. “EuroIslam: The Jihad Within?” *National Interest* 71 (2003): 63–74.

———. “France’s Oedipal Islamist Complex.” *Foreign Policy*, January 7, 2016.

———. “Who Are the New Jihadis?” *Guardian*, April 13, 2017.

Rustow, Dankwart A. “Transitions to Democracy: Toward a Dynamic Model.” *Comparative Politics* 2 (1970): 337–363.

Scheffler, Samuel. *Boundaries and Allegiances: Problems of Justice and Responsibility in Liberal Thought*. Oxford: Oxford University Press, 2000.

Schuller, Robert H. *Self-Esteem: The New Reformation*. Waco, TX: Waco Books, 1982.

———. *Success Is Never Ending, Failure Is Never Final: How to Achieve Lasting Success Even in the Most Difficult Times*. New York: Bantam Books, 1990(ロバート・シュラー『いかにして自分の夢を実現するか』稲盛和夫監訳、三笠書房、1989年)。

Smith, Alan G. R. *The Emergence of a Nation-State: The Commonwealth of England, 1529–1660*. London: Longman, 1984.

Smith, Rogers M. *Political Peoplehood: The Roles of Values, Interests, and Identities*. Chicago: University of Chicago Press, 2015.

Smith, Rogers M., and Sigal R. Ben-Porath, eds. *Varieties of Sovereignty and Citizenship*. Philadelphia: University of Pennsylvania Press, 2012.

Stern, Fritz. *The Politics of Cultural Despair: A Study in the Rise of German Ideology*. Berkeley: University of California Press, 1974(F・スターン『文化的絶望の政治――ゲルマン的イデオロギーの台頭に関する研究』中道寿一訳、三嶺書房、1988年)。

Taylor, Charles. *The Ethics of Authenticity*. Cambridge, MA: Harvard University Press, 1992(チャールズ・テイラー『〈ほんもの〉という倫理――近代とその不安』田中智彦訳、産業図書、2004年)。

———. *Multiculturalism: Examining the Politics of Recognition*. Princeton, NJ: Princeton University Press, 1994(チャールズ・テイラーほか『マルチカルチュラリズム』佐々木毅、辻康夫、向山恭一訳、岩波書店、1996年)。

———. *Sources of the Self: The Making of the Modern Identity*. Cambridge, MA: Harvard University Press, 1989(チャールズ・テイラー『自我の源泉――近代的アイデンティティの形成』下川潔、桜井徹、田中智彦訳、名古屋大学出版会、2010年)。

Tibi, Bassam. "Why Can't They Be Democratic?" *Journal of Democracy* 19 (3) (2008): 43–48.

Trilling, Lionel. *Sincerity and Authenticity*. Cambridge, MA: Harvard University Press, 1972(ライオネル・トリリング『〈誠実〉と〈ほんもの〉――近代自我の確立と崩壊』野島秀勝訳、法政大学出版局、1989年)。

Warren, Rick. *The Purpose Driven Life: What on Earth Am I Here For?* Grand Rapids, MI: Zondervan, 2012.

Wright, Katie. *The Rise of the Therapeutic Society: Psychological Knowledge and the Contradictions of Cultural Change*. Washington, DC: New Academia Publishing, 2010.

Wrong, Michela. *It's Our Turn to Eat: The Story of a Kenyan Whistle-Blower*. New York: HarperPerennial, 2010.

Zaretsky, Robert. "Radicalized Islam, or Islamicized Radicalism?" *Chronicle of Higher Education* 62 (37) (2016).

Zweig, Stefan. *The World of Yesterday*. Lincoln: University of Nebraska Press, 2013(シュテファン・ツヴァイク『昨日の世界』全2巻、原田義人訳、みすず書房、1999年)。